できる
人の

「できる人」の
時間の使い方

箱田忠昭

Prologue P ●プロローグ

時間の使い方を変えれば、人生は絶対にうまくいく!

実は、時間は管理できない！

人生とは、「生まれてから死ぬまで」をいいます。

しかし、今あなたが三五歳だとしたら、三五年間の人生はもう終わったのです。

その三五年間はもうありません。過去は戻らないし、死んだのです。

ということは、あなたの人生は、

「今日から死ぬまで」


ということです。ですから、今日が誕生日です。

八〇歳まで生きるとすれば、あと四五年間を人生というわけです。

そして、この残りの四五年間という「時間」をどう生きるかで、人生は大きく変わります。


時間は人生そのものなのです！

なぜ、時間は管理できないのか？

本書は時間管理の本ですが、厳密にいえば時間そのものは管理することはできません。なぜなら、時間はどんどん過ぎていきますし、それを止めることも、引き延ばすこともできません。

しかし、その時間に行う行動を管理することは可能です。この「行動管理」こそが時間管理なのです。

あなたの仕事、家庭、趣味、経済、健康、対人関係など、あらゆる局面において、よりよい時間を持ち、質的にも量的にも向上するノウハウやスキルを身につければ、あなたの人生は必ずいい方向に変わります！

仕事だけではなく、人生を管理しないと意味がない！

通常、時間管理というと、多くは「仕事の効率アップ」や「時間の節約」のことだけになってしまいがちです。もちろん、この二つは大切です。

ですから、本書でも「仕事の効率アップ」や「時間の節約」に関するテクニックを紹介します。


しかし、会社にいる時間は、年間で平均二〇〇〇時間です。

三五年間働いたとして七万時間です。

この数字は人生全体で見た場合、たった一〇パーセントにしかなりません。

しかも、退職したら、その後二五年間もあります。


つまり、仕事だけではなく、お金だけでもなく、家庭や趣味などのプライベートもバランスよく成功しないとまったく意味がありません。

ですから、

「時間管理は人生管理」

ということがいえます。

＊もし、有意義な時間を一日二時間増やせたら……

本書で紹介する「時間や人生への考え方」「目標の決め方」「使える仕事術」などを

実践すれば、一日二時間くらいは軽く生み出せるはずです。

少なくとも一日二時間以上は有効な時間が増えることになります。

仮に、一日二時間だけ時間が増えたとしても、一年で七三〇時間増えることになります。七三〇時間を二四時間で割ると、約三〇。

つまり、まるまる一年でまるまる一カ月増えることになります。一日二四時間まるまる使って一カ月、一日八時間の労働だと考えれば三カ月も増えます。

たった、二時間だけ有効な時間を生み出すだけで、これだけの時間になります。

まるまる一カ月あったら、あなたは何をしますか？

仕事に使っても、プライベートに使ってもいいのです。

自由な時間が増えれば、心にも余裕が生まれ、人生を変えることができるはずです。

時間をコントロールできれば、夢は必ず実現できる！

あなたは夢をもっていますか？

自分の夢を具体的に明確に書き出すことができますか？

夢とは今日から死ぬまでの間、自分のため、家族のために何がしたいか、ということです。自分のため、家族のためにやりたいことを実現しようとすれば、誰でもこれからの時間をうまく夢実現のために使いたいと思うでしょう。

＊夢をはっきりさせて、その実現のために行動する！

まず今から死ぬまで、何をやるかを明確にしなければなりません！

「TIME IS MONEY」（時は金なり）とよくいいますが、

これはウソです！

なぜなら、失ったお金は稼げばいくらでも取り返せるからです。

本当は、

「TIME IS LIFE」（時は命なり）

なのです。

そう、失った時間は取り戻せません。

だから、「夢を実現する」ためには時間管理が必要なのです。

「目標管理」「プロセス管理」「行動管理」がうまくできれば、夢は必ず実現できます。

「快適ゾーン」をぶちやぶれ！

「時間」「お金」「心」に余裕のあるいい人生を送りたいなら、時間管理を変えなくてはなりません。

ほとんどの人は、「そのうち、なんとかなるだろう」「しばらくは、このままでもいいや」という「快適ゾーン」の中に入ってしまっています。そこはぬるま湯ですから楽です。

「快適ゾーン」を飛び出さなければ、結局今までと同じ人生になってしまいます。

少しあせってください。時間は超特急です。あっという間にリストラ、定年、さらには死がやってくるかもしれません。

＊駅員から弁護士に

Ｓ銀行で私がセミナーをやったときに、静岡の駅の駅員さんが私の話を聴いてくれたんです。そしてその人は、手紙をくれました。

「箱田さんのいうとおり目標を持つことにしました。私は弁護士になりたいという決意をしました」という手紙をくれたんです。

大変失礼だけれども、駅員さんが弁護士になるっていうのはちょっと難しいかなと思わず思いました。

でも彼は三年後、私に手紙をくれました。

「先生との約束どおり今年司法試験に合格しました」

「えっ！」と思いました。でも、そういう人もいるのです。

私のセミナーを受けて、夢を実現した人はたくさんいます。

本書のノウハウで人生は必ず変わる！

まず、本書で夢実現のノウハウを身につけてください。

あとは「やるかやらないか」の問題です。

そのうち頑張りますすじゃなくて、今日からやるほかありません。

人生八〇年の時代をむかえました。前述のように、人が使える時間も飛躍的に増大してきました。そのため、「今までやれないと思ってきたこと」も「無理だと思われていたこと」も上手に計画し、上手に実行すれば実現可能となりました。

昔からの規制や因習、差別も少なくなり、誰でも大きな夢をもてるようになりました。

本書では、夢実現のための「時間管理」「プロセス管理」「目標管理」のノウハウやテクニックを紹介します。

これらのノウハウは、

「人生に成功する」

には不可欠です。

しかも、**「誰でもできて」「実践的」**なものばかりです。

ただわけもなく頑張っても、夢は実現しません。

第一章では、もっとも重要な「時間に対する考え方」を紹介します。

第二章では、多くの人が勘違いしている「目標管理術」を紹介します。トップ三パーセントの人たちだけが知っている「願望と目標の違い」を解説します。

第三章では、多くの人が見落とす「プロセス管理術」を紹介します。素晴らしい目標を立ててもプロセス管理ができなければ、なにも達成できません。

第四章では、「時間管理術」を解説します。日本ではなじみの少ない「アベイラブル・タイム」「ウェイティングリスト」…などの画期的な時間管理テクニックを紹介します。

第五章では、「できる人」になるための「仕事術」を紹介します。「仕事の効率アップ」「モチベーション・アップ」など、成功するためのテクニックです。

第六章では、「できる人」に不可欠なツールである「手帳」「メール」の使い方を紹

介します。

ぜひ、行動力を持って、本書の内容を実践して、いい人生にしてください。

箱田　忠昭

Prologue
P
プロローグ

時間の使い方を変えれば、人生は絶対にうまくいく！

Chapter
1
第1章

まずは考え方を変えよう！

CONTENTS

Chapter 4 第4章 成功者だけが知っている！「できる人」の時間管理術

Chapter 1 ●第1章

まずは考え方を変えよう！

考えているだけではダメ！

誰でも、トイレはきれいな方がいいのはわかっています。私は研修で受講者にいいます。

「トイレはきれいな方がいいですか？」

すると全員、きれいな方がいいといいます。そこで再び尋ねます。

「それでは田中さん、正直いってトイレの掃除は大好きですか？」と。

いうまでもなく、そこで受講者はつまってしまいます。

そうです。トイレはきれいな方がいい。でも、掃除はしたくない、という矛盾に気づくべきです。

お金持ちになりたい、でも仕事はあまりしたくない。楽をして金持ちになりたい。

学生なら、テストでいい点をとりたいと思っています。でも、勉強はしたくない。

これは、矛盾ではありませんか。

水泳の本を一〇〇冊読んでみても、仮に一〇〇〇冊読んで「こう泳いだらいい」というのがわかってもそれだけでは泳げません。

どんなにビデオでタイガー・ウッズのスウィングを学んでも、それだけではシングルプレーヤーになれません。どんなにテニスの教本で理屈がわかっても、それのみではシャラポワ並のプレーヤーにはなれません。

＊「実践」しかない！

水に飛び込むこと、クラブを振ること。ラケットを握りボールを打つこと…。

つまり、理屈ではなくて実践すること、行動することが大切です。

もちろん、理論と実践の双方が備わったならいうことはありません。が、もしも二つのうち一つを選ぶのなら、文句なく「行動実践」になります。

特にインテリと呼ばれるような現代人は、どうも理屈ばかりが好きで、実践に欠ける所があるようです。

もしも実践がなかったなら、どんなに高尚な理論や理屈も意味はありません。時間管理も、ただ「理屈」として頭でわかっただけで終えてしまったなら、意味はありません。

私の禅の師匠、菅原義道老師は、「修行とは、よいと思うことを一生懸命くり返し行なうこと」と説きました。私の自戒の言葉でもあります。

「今」は、すぐに過去になる！

「それはいいね」「いいアイデアだ」と思っただけでは何も変わりません。

もしもあなたの会社が、業績、売上げが落ち込んでどん底であったとしても、もしも「実行」することが本当にできたなら、V字変革で、急上昇することも不可能ではありません。

では、いつ実行したらいいのでしょうか？

明日、ですか？

確かにカレンダーの上では「明日」も「明後日」もずっと先までも存在しているでしょう。

しかし、現実に目が覚めるのはいつでしょうか。いうまでもなく、私たちは目が覚めたならいつでもそれは「今日」なのです。

ところが、金剛経というお経には「現在心不可得」とあります。「その『今日』という固定した時間はないのだ」という意味です。確かに、私がこの本を書いている「今」「この瞬間」だけがありますが、それはすぐに〝過去〟となってしまいます。

確かにそうです。過去は変えられないし、戻ってきません。

「あの時、もっとああしておけばなあ」

と思ってみた所でそれはどうしようもないものでしょう。

また、知人のコンサルタントが、過去の苦労、もういってもしょうがないこと、思っても仕方がないことに振り回されるのを「持ち越し苦労」というのだといっていました。まさにしかりでしょう。

私の好きな言葉に、

「ぼやぼやしていると、そのうちに大変なことになるよ」

というのがあります。

そこから私は、若い人達にも

「時間は超特急だよ、ぼやぼやするな！」

と喝を入れるのです。

いかに「心」が大切か？～フランク・ベドガー物語～

時間管理は、実はスキルのみでは不十分であって、「心」「メンタル」のマネジメントなしには、力を発揮してくれないものです。

その「心」の部分の話をしてみましょう。

保険のセールスでは全米で知られ、引退後は師のデール・カーネギーと共に、全米を社会教育家として講演してまわったのが、フランク・ベドガーです。

ベドガーは、『私はどうして販売外交に成功したか』のベストセラーでも知られています。

もともと、フランク・ベドガーは、ビジネスマンではなくて野球の選手でした。

といっても、マイナーリーグでペンシルバニアの二軍でくすぶった日々をすごしていたのです。

ところが、実力主義の世界のアメリカでは、チンタラプレーをしていたら即「クビ」となります。「フランク、お前は明日から来なくていいよ」といいわたされたのです。

この辺のシビアーな所は、私も外資系企業で体験しています。

フランクは、地元のシカゴに戻って、スーパーの店員になりました。ただ、誰にでも〝天職〟というものがあります。

フランクにとってのそれは「野球」でした。スーパーの仕事をしていても、心はいつも「野球」のスタープレーヤーとしての自分のイメージばかり浮かびます。

ある日、セントルイス・カージナルスから、その日々悶々としていたフランクに「もう一度野球をやってみないか」という誘いが来ました。

「ぜひやらせて下さい！」

当然このチャンスに、フランクはヤル気になりました。

「よし、前はチンタラとプレーしてクビになった。今度は命がけでやるぞ！」

そして、練習の初日から大声で気合をかけ、ゴロにも全力で突っ込み、仮にファウルであっても全力で一塁にかけぬけました。

このハッスルプレーが、取材に来ていた地元の新聞記者の目にとまり、「火の玉フランク、入団！」と記事にしてくれたのです。

そのフランクを見ようと、大勢のファンがグラウンドに足を運びます。フランクは、

「火の玉」の名に恥じぬよう毎日全力プレーをしました。

そして、メジャーリーグに昇格することができました。しかし、レギュラーの二塁手としての活躍中、球を投げたはずみで腕を骨折してしまいました。もう五〇年以上前のことです。

フランクは野球選手としてプレーすることは二度とありませんでした。

「のたれ死ぬ」か「元気なふり」か

シカゴに戻ったフランクは、「生活のため」に、保険のセールスを始めたのでした。

しかし、売れません。「俺は野球ができなくなった、人生の目的を見失なった」というネガティブな気持ちでいったのでは、お客も見抜いてしまいます。

「いりません」「うちは間に合っているわ」と一〇軒、一〇〇軒、二〇〇軒…。全てノーでした。

このままじゃ、「のたれ死にか」ととぼとぼと道行くフランクの行くてに、新聞が落ちていました。

そこには「話し方教室、セールスマン養成」と書いてありました。

「よし、これが最後のチャンスだ」

と、そのデール・カーネギーコースに入門したのです。

初日、人前で話すことなど考えたこともなかったフランク・ベドガーですが、先生は著名なデール・カーネギー本人だったのです。

カーネギーは上手にベドガーを紹介しました。

「皆さん、今日から素晴らしい仲間が入りました。セントルイス・カージナルスの花形二塁手だったフランク・ベドガー君です。さあ、ここへ来てあいさつしなさい」

「あっ、あの……ボクはフランクで……」

カーネギーはいいました。

「フランク君、聞こえませんよ、もっと大きな声で！」

「そんなことといわれても、私は野球でダメ、保険もダメで大きな声を出せる状態じゃなくて……」

「ムリにでも出してみなさい」

「いや、それはどうしてもできません。保険も売れませんし……」

「顔をあげて、もっと大きな声で」

「ですから、顔があがらなくて……」

「もっと顔をあげて、大きな声で」

そんなやりとりが続いていくうちに、フランクは〝怒り〟の感情におされ、

「だから先生！　大きな声が出ないんですよ！」

とフランクは絶叫しました。

「フランク、今、大きな声出たじゃないですか、怒り？　それでも、あなた、本当はできるんじゃないんですか？　どうかな？」

その時、ハッと気づいたのでした。**自分は大きな声が出せない人じゃなくて、自分が出さなかっただけなのだと。**

自分の心に枠をあてはめて、ダメ、と思いこませたのは他ならぬ自分自身だったのです。

全米ナンバーワン・セールスマン誕生

そして、次の日から「元気のあるようにふるまうこと」「ふりをする」ことを自分に義務づけました。

朝シャワーを浴びながら、

「よし、今日は大きな声であいさつするぞ！」

「行動は営業の命だ、どんどん行動してやる！」

そのシャワー室で「自己暗示」をかけて、元気のあるふりをしてエンジン全開で街中に飛び出しました。

「フランクです！　おはようございます。今は自分の天職見つけました。ぜひ話をきいて下さい」

「野球時代をご存知ですか？　五分でいいんです、話をしましょう」

その元気なフランクは、セールス業界でも「火の玉」となり、次々に成約を重ねて、いつの間にかアメリカでナンバーワンのセールスマンの座につきました。

彼の売上げが伸びたのは、「商品知識」でも「セールストーク」でもなくて、ただ〝元気のあるふりをして〟行動したことなのです。

やがて、彼は自己変革の一三カ条ということで、三週間に一項目ずつ、テーマを決めて身につけていくことを自分に課しました。

これは、アメリカの建国時代のベンジャミン・フランクリンにならったものでした。フランクリンの一三則を、ベドガーは自分なりに考えて、フランク・ベドガーの一三カ条としてあげたのです。

参考にしてみて下さい。

【フランク・ベドガーの十三カ条】

①熱意ある行動
②肯定的言動
③目標を明確に
④質問をする
⑤ほめる

⑥沈黙
⑦丁重、誠実な態度
⑧商品知識
⑨感謝
⑩スマイル
⑪名前を覚える
⑫サービス
⑬時間管理

自分が変われば他人も将来も変わる

私がセミナーの受講生に「調子はどうですか？」と聞くと、大半が「いやあ、あまりよくないですよ」「まあまあです」「ボチボチでんな」といった答えが返ります。「景気がなにしろこの状態ですから」というのです。

面白いもので、日本中の人が「景気が悪い、景気が悪い」と口にしていると、本当に景気も悪くなってしまいます。

それが証拠に、「バブル」ではあっても、「景気がいい」と大半の人が口にしていた時には、本当に景気も良かったのです。

ニワトリが先か卵が先かになりますが、私は強く「想いが人生を変える」と信じています。

一九五七年、トヨタ自動車はアメリカに自動車を輸出すると高らかに宣言しました。ところが、当時の自動車王国のアメリカに対して、「日本車など売れるはずがない」といわれたのです。特に、日本製は今ほど信頼されていない時代です。

「トヨタは失敗する」

「日本に撤退する」

「大赤字になる」

と、アメリカでも日本でも、マスコミはそういっていたものです。

ところが、どうでしょうか？

今では、自主規制するほどに「売れすぎて」困っているくらいになっています。

あるいは、キリン一辺倒のビールがアサヒの奇跡の躍進によって、シェアがガラリと変わってしまうことなど、以前には誰が考えていたでしょうか？
トヨタやアサヒに限りません。
あなたの想いと言葉が現実を作ってしまうのです。

雨の日がチャンス

仮に雨が降っていたとしましょう。
セールスマンなら、大雨で「ああ嬉しいな」という人はいません。
「嫌な雨だなあ」と思うでしょう。
また、社内事務でもしようと、外に積極的に出る気がなくなる場合が大半でしょう。
「部長、この雨ですから、レポートでも書かせて下さい」
と社内に残る人は多いのです。
これは実は否定思考からきています。

「雨」→「イヤ」→「社内にいる（外に出たくない）」

となるわけです。これは〝売れないサイクル〟に他なりません。

ところが、これを一〇〇パーセント肯定思考に切り換えてみたらどうなりますか？

「雨だ、よしチャンスだ！」

となります。なぜですか。

それは、雨の日の方が、圧倒的に客の在宅率は高いからです。

また、ライバル会社も「イヤだなあ、外に出たくない」と思うのですから、やはりチャンスではありませんか。投資の世界で、「人の行く裏に道あり花の山」といいます。

これは、セールスでも同じです。

「イヤだなあ」「外に出たくない」というのは、逆にチャンスになります。

さらに、雨でびしょ濡れになって客先に行くと、「バカだなあ」とは思われません。

「雨の中、大変でしたね、タオルでも出しましょうか」

と感心してくれ、あなたの人間性を評価してくれます。

だから、雨はチャンスなのです。

もちろん、これは「雨」に限らないのはいうまでもありません。

「ダブルバッガー」と「シングルバッガー」

しかし、否定思考から肯定思考へ考え方を変えるだけでは何も変わりません。あなたの行動そのものが変わらなければ意味がないのです。

「バッガー」って知っていますか？

スーパーなどの店員で、レジの隣にいてお客さんの買った商品を袋につめてあげる仕事をしている人です。

単調で、給料も安く、おそらくスーパーの店員としては、もっともつまらない仕事の一つでしょう。

ですから、たいていのバッガーは、つまらなそうな顔をして、嫌々仕事をしています。ですから、仕事も雑ですし、態度も横柄で生意気な感じです。

こういうバッガーを「シングルバッガー」といいます。

しかし、同じバッガーでも全然違うタイプもいます。

どうせ、スーパーで働くなら、将来は店長、いやそれ以上になってやろうという決意を持っているバッガーです。

当然、お客さんに対して、いつもニコニコしていますし、大きな声であいさつしたり、やさしく声をかけ、感謝もしています。

仕事ぶりも丁寧で、買ってくれた商品が多ければ、袋を二重にして底が抜けないようにします。

こういうバッガーを「ダブルバッガー」といいます。どんなに買ってくれた商品が多くても袋を一枚しか使わないバッガーを「シングルバッガー」、袋の底が抜けないように二枚の袋を使うのを「ダブルバッガー」と呼ぶのです。

あなたは、どちらがいいと思いますか?

当然、「ダブルバッガー」でしょう。

✻ 成功する生き方「ダブルバッガー」

おわかりのように、これはスーパーの店員のあり方を述べたのではありません。

私たちすべてに共通する生き方の例としてお話ししたのです。

「シングルバッガー」は、みんな周りのせいにして、何でも否定的な見方をします。

それに対して、「ダブルバッガー」は常に積極的で明るく、その場その場で、自分の人生をいい方向へ持っていこうとします。

私はいつも「ダブルバッガーであれ」と主張しています。

なぜなら、それは成功する生き方だからです。

生き方は本当に自由なのか？

ここで、実際に私の体験した肯定思考と否定思考の例をあげてみましょう。

今は、あまり新入社員に対しての講演は少ないのですが、一〇年以上前に銀行の新入社員への講演をたのまれました。

そして、講演の中で否定思考と肯定思考の話をして、「どちらかがいいと思いますか？」と尋ねました。

多くは短大卒、高卒の女性です。

「どっちだっていいんじゃないですか」

と腕組みをしていうのです。

私は若かったので、ムッとしていいました。

「あなた、どうしてそう思うのですか？」

「だって、先生、生き方はその人の自由ですから」

といいました。

たしかに、学生時代は自由だったでしょう。なぜなら、授業料を払って授業を受けていますから、サボって損するのも自分です。

しかし、社会人は「お金をもらう立場」にあるのですから、

「今日はジーパンにしたいのではきます」

「今日は気がのらないから一時に出社します」

というわけにはいかないでしょう。

こんな人がカウンターにいたら大変です。

「今日は何となく気が乗らないからあいさつはやめよう」

「ニコニコしてもしなくても給料は同じだから、ニコニコしないでいいや」

と、なげやりで中途半端な対応となり、やがては「会社」そのものの信用もなくなるでしょう。

この否定的な対応をする、成功しない生き方をする人は、典型的な「シングルバッガー」です。

シングルバッガー部長

もう一つの例です。これも私の体験した実話です。

これは、ある有名メーカーの管理者研修の時のことです。年齢は四〇〜五〇歳以上、部長、課長クラスです。

いつものように、九時スタートで一〇時半の休けいとなりました。

「それでは皆さん、一〇分間休みます。廊下にコーヒーの用意がありますから、お飲み下さい」

といいました。

すると、当時五〇歳くらいの部長がコーヒー置き場に行きました。

会場は、大きなホテルでしたから、その部長はコーヒー置場のボーイさんに向かってかなり横柄にいいました。ちなみに、本当の成功者は人によって態度を変えません。私は社員に対しては、時に厳しくもしますが、一度も「呼びすて」にしたことはありません。「さん付け」で通しているのは、どんな人に対しても対等に態度を変えずにいきたいと思っているからです。

さて、その部長は「紅茶ある？」といいました。

「すみません、今日はコーヒーだけなのですけれども……」

とボーイさんの答えに対して、突然、部長は恐い顔になりました。

「えっ、紅茶ないのかよ？　あっ、これはコーヒーだ、ダメダメ」

「申しわけありません、次の休みには……」

「次じゃ遅いんだ、今、紅茶出せよ」

といって、ホテルの悪口や、セミナーそのものの悪口もいい始めました。

このような否定的な対応のシングルバッガー部長は、周囲にも悪影響を及ぼします。

では、もしも、ダブルバッガー部長だったらどうするでしょうか？

「ボーイさん、紅茶ある？　ないの？　まあ、いいや。この次の休み時間に紅茶を用

ダブルバッガーの行動パターン	シングルバッガーの行動パターン
①自分の行動を変革しようとする	①他人を変えようとする
②一生懸命働くが、時間的に余裕もある	②ただ忙しがっているだけで肝心なことができない
③立つべきときに立ち、退くべきときに退く	③戦うべきときに戦わず、どうでもいいことにファイトを燃やす
④他人の能力を認め、他人から積極的に学ぼうとする	④他人の能力を尊重せず、他人の欠点や弱点を見つけようとする
⑤自己向上に時間を使う	⑤ただ批判を避けるため、時間を使う
⑥可能性を追求する	⑥問題点のみを強調する
⑦人は皆、違うことを言うことを知っている	⑦他人が皆、違うことを認めようとしない
⑧問題点、改善を焦点にあわせる	⑧弁解に焦点をあわせる
⑨主張すべきことを主張する	⑨批判を恐れて主張せず、あとで不平をいう
⑩仕事に真正面からぶつかる	⑩そのまわりをまわっているだけで、決して解決しない
⑪約束を必ず実行する	⑪安うけあいするだけ

意しておいてね」

と優しくいうでしょう。そして、教室で、

「みなさん、今はコーヒーしかないようなので、私が紅茶を持ってきます。紅茶希望の方は手をあげてください」

といって、部長自らホテルの裏方へ行き、自分で紅茶を持ってくるタイプです。

このように、自分で行動して、自分で問題解決をする姿勢を持った人をダブルバッガーといいます。

本当に明日、目が覚めるのか？

私たちにとっては、「今」「この瞬間」しか変えられません。

ですから、自己変革というのは、今、この時にあなた自身が態度、ふるまいを変えて行動していくことによってしか成しとげられません。

禅寺研修という形で、私は以前から指導しています。当然のことですが実際に坐禅を、禅寺で行なうのです。

ある時、幕末の志士達が禅を組んだのでも知られる千葉の両忘庵という禅寺で研修をしたときのことです。そこの大木老師の話を聴いた時に、とても印象にのこる話がありました。

「私たちはそろそろ眠るか、といって眠りますが、翌日本当に目が覚める保証はありますか？」

という内容の話でした。

私も、コンサルタント仲間が突然亡くなったり、「あんなに元気な人が」ということを体験しました。

また、テロが起きたり、ニュースなどみますと「何が起こるかわからない」のが本当でしょう。私は、格闘技の試合など観るのは好きですが、アルティメット（何でもあり）の世の中だと、つくづく思います。

そんな中で、「そろそろ眠るか」というのは限りなく「そろそろ死ぬか」と同義語だと思わずにはいられません。

英語では

「Be here and now」

といいます。

人生は、まさに「今、ここにしかない」といえるでしょう。

まさに、時の急所は「今、この瞬間」、場所の急所は「ここ」、つまりあなたの立っているここしかありません。

そして、その主人公は「あなた自身」なのです。今、この瞬間に命をかけて生きるのが弾的な生き方になります。

しかし、人は通常、全力を出して生きていません。

「人は能力の二二パーセントしか使っていない」（ポール・パーカー）というくらいです。

眠らせたまま死んでいっては、この世に生を受けたかいがないでしょう。

鎌倉時代の禅僧、道元禅師は「全機現」といっています。

全ての機能、能力をフルに全開させてこそ「人」として生を受けた「責任を果たす」といってもよいでしょう。

この世に「人」として生を受けることは、考えてみたらそれだけで奇跡でしょう。

犬や馬、虫として生を受けたのではありません。

ですから、この「人」としての生き方をとことんまでしていきたいものです。

アラン・ラーキンの「カミナリ理論」

西洋のことわざに
「Today is the first day of the rest of your life（今日は残された人生の最初の日である）」

というのがあります。

また、人間関係学の大家デール・カーネギーも、悩みを克服する最良の方法は「今日一日を精一杯生きること」としています。

といっても、なかなか「一日」の大切さに気づかない方に、アラン・ラーキンのカミナリ理論というのをお教えしましょう。

アメリカの時間管理のコンサルタントだったラーキンは次のようにいいました。

「一カ月後にカミナリにうたれて死んでしまうとしたら、さてその一カ月を私たちはどのようにすごすでしょうか？」

大切な家族と共にいたいと思う人もいるでしょう。

会いたかった恩師、友人にあいさつしておきたいかもしれません。あるいは、前からしたいと思っていたことを実行するでしょう。

ムダな時は少しもありません。有意義な人生にしようとするでしょう。

「一カ月後にカミナリにうたれる」そう思ったなら、あなたの人生は「今」輝き始めるのです。

まとめ

- 頭で考えていてもダメ。実践しよう
- 「今」「この瞬間」しかない！
- 「自分はできる」と信じる！
- 自分が変われば他人も変わる！
- 「ダブルバッガー」で生きよう！
- 「カミナリ理論」で人生は輝く！

Chapter 2 ●第2章

「願望」と「目標」は全然違う！「できる人」の目標管理術

絶対に成功者になれる方法

世の成功者と呼ばれる人々には、実は共通した成功の条件というものがあります。
知りたいところでしょう。それをお教えしましょう。
ヤル気？　スキル？　コミュニケーション？
全て必要かもしれませんが、実は最大の条件ではありません。

「目標の有無」

実はこれが成功できるかどうかの絶対条件といっていいくらいに、重要なものなのです。

有名なデータがあります。ミシシッピ大学の卒業生を四〇年後に調査したものです。

Aグループ…社会的に大成功していた（三パーセント）
Bグループ…かなりの成功をした（一〇パーセント）
Cグループ…普通の生活（六〇パーセント）

Dグループ…何らかの援助が必要（二七パーセント）

という結果になりました。

研修で受講者に「どのグループに入りたいですか？」と尋ねますと、一番多いのは「一〇パーセント」のBグループです。多くの人は、遠慮も入り、また大成功者となると人からのやっかみや責任も大きくなるので「三パーセント」のAグループはやや少な目でした。

しかし、正直にいえば大成功したいのではありませんか？

八七パーセントの普通の人、援助を受けざるを得ない人は「何の目標もなかった」のがわかっています。

また、一〇パーセントの人は、漠然とではありますが、人生の目標を持っていました。

そしてトップの三パーセントのグループは、

「具体的な目標」

をもって、それをしっかりと

「紙に書いていた」ことが〝発見〟されたのです。

＊トップ三パーセントの目標管理術

これは、ここに成功の魔法が明らかにされたといっても過言ではありません。

日本でも、「トップクラス」となりますと、たとえば経済誌の『フォーチュン』や『フォーブス』に載るような人は一パーセント、多くてやはり三パーセントくらいの限られた人でしかありません。彼らも、当然「目標」があります。

これはここで、断言しておきます。

何の気なしに、知らないままに大成功者になるということはありません。

ということは逆にいうと、今現在、何の目標もないという人は、よほど心を革命的に変えていかない限りは成功できないとなります。

今は目標がなかったとしても、本書を読み終わる頃には、大きな目標がもて、前向きに人生にチャレンジしていけるように必ずなります。もちろん、行動にうつしていくのは、あなた自身なのはいうまでもないことですが。

そういいますと、「箱田さん、大丈夫ですよ、私は目標がありますから」と胸を張る人がいます。

ところが、よくよく聞いてみると、それはここでいっている大成功者の持っていた目標とはまったく違うものなことが多いのです。

「目標」と「願望」は、まったく違うもの！

「将来は大富豪になりたいです」
「大きな家を建てたい」
「何か国際的なことをしたい」
「いい人と結婚したい」
「語学の達人になりたい」

など、様々なことをいう人がいます。また、「どうです、これが私の目標です。ですからもう私は大成功できますね」というわけです。

しかし、残念ながらこれは〝夢〟であり「こうなったらなあ」という〝願望〟でしかありません。

「夢や願望と、本当の目標は違う」

ということを覚えておいて下さい。

実は、先のグループでC、Dグループの八七パーセントの人々も、全員、この手の願望はもっていたのです。

「もっと金持ちになりたいなあ」
「仕事で成功したい」
「家族と幸わせにすごしたい」

などというのは、万人の願いでもありましょう。

しかし、それは願望であって、実現するのは至難の技です。当たり前でしょう。

「お金が欲しいなあ」と思うだけでお金持ちになれたら、幾らでもそこら中に大金持ちがいることになります。

「願望」を「目標」に変える三つの方法

願望を目標に変えるには、必ず次の三つの条件を満たさなくてはなりません。

①期限が設定されていること
②具体的であること
③紙に書き出していること

それでは、説明を加えましょう。

＊①期限が設定されていること

あなたが上司から仕事をたのまれたとします。

「三谷さん、これ手のあいた時にやっておいて、いつでもいいから」

この頼まれ方では、あなたはその仕事を先延ばしにしかねないでしょう。期限のない、いつでもいいという仕事はなかなか手をつけないものです。

ところが、

「斉藤さん、この企画書得意先に三日後に出すんだ、至急頼むよ」

といわれたら、あなたは三日以内に何とか間に合わせようと行動するはずです。

「いつでもいい」というのと「三日以内」とでは、仕事にかける集中度も違ってきます。

これは目標に限りません。

他でも触れますが、「仕事には必ず期限を設ける」のは基本中の基本です。これは、自分が何かしようとする時も同じで、「いつまででもいい」ではダメで、「よし、今週中にやろう」というように、期限をつけることです。

「今年中に」

「三年以内に」

「来月の一〇日までに」

というように、必ず「期限」を入れることが、まず目標の大前提となります。

②具体的であること

「やせたい」

「英語をマスターしたい」

「ボランティア活動をしたい」


というだけでは、ただの願望です。

そこには具体性がないからです。

やせたいのなら、先の「期限」を設けます。来年の八月五日までにというように。水着を着るからというような理由があるかもしれません。

この場合は「何キロやせるか」が具体的にするために欠かせません。三キロなのか五キロなのか一〇キロか。そして後述しますように、これによってそのあとのプラン、行動も変わってくるわけです。三キロならジョギングでよくても、一〇キロだとそれだけでは不十分ということにもなります。

英語なら、「来年の五月までに、ＴＯＥＩＣで八〇〇点を取る」というのが「英語をマスター」を具体的にしたものです。もちろん、国連英検でも、通訳ガイドでも、具体的であったらいいのです。

「二年以内にアフリカで医療施設でボランティア活動をする」というくらいにしぼりこまないと、ただ「ボランティア活動をする」のでは願望にすぎなくなるわけです。

スポーツなら、「優勝したいなあ」ではダメです。いつまでに、どの試合で、どのくらいのタイムを出すのか、全てあらかじめ「目標」としてもっておくわけです。

「今年中に二時間一〇分を切る」というのがマラソン選手の目標というわけです。

✻ ③紙に書き出すこと

次に、どうやってそれを達成するかというと、紙に書き出します。

今は、必ずしも紙ベースでなくても、PCを活用して、画面での確認ということでもいいでしょう。紙ですと、ポケットに入れて見直すことも手軽ですし、ちょっと手を入れて書き換えもすぐできますから、便利ですね。

「目に見える形にしておく」つまり、計画書を作ることによって、あなたの「願望」は「目標」に変わります。これは、「社訓」を壁にかけておいたり、「忍耐」とか「努力」といった文字を「目に見える」ように貼るのにも似ています。

「そうだ、こうしなくてはいけないんだ」というのが、その書き出したものを見る度に、思い起こさせるきっかけになってくれます。

「朝から晩まで目標のことを思い続ける」ことによって、メリットがあります。

私は色紙に「人生何でも可能、打つ手は無限だ」と書いて、受講者に手渡すことがあります。

ちなみに、研修参加者に手渡している色紙は、私の発案したことで、すでに八万人近い方々に差し上げており、これはギネス記録でしょう。一人一人文句の違うものを書いて、参加者で何かにチャレンジしてもらって（たとえばクイズに答えるとか、前向きに手を挙げた人とか）、その時に渡しています。

目標ができれば、実現は可能だ！

さて、「打つ手は無限」というのは、「もしも本当にそのことを実現させようとしたなら、いくらでも打つ手はある」という意味です。

もともと、私たちが「目標」にすること自体が「可能性のある」ものであって、何のスポーツもしていない人が、「オリンピックで優勝する」というのを、本気で目標にするはずはありません。

「太陽に行きたい」とも思わないでしょう。つまり、目標にした時点で、あなたの目標は「可能性はある」ものばかりなのです。

当然、時間がかかるものもあるでしょうが、まったくゼロの可能性は目標にしないものです。

仮に富士山の頂点を目標としてみますと、いくらでも行くための方法はあるでしょう。五合目まで車でいくか、徒歩か、極端にいえばヘリコプターを使うとか、人におぶってもらうとか、「打つ手は無限」なのです。

これは前述の「やせる」にしても「ボランティア」にしても皆同じです。

そして、その「打つ手」、つまり手段を考えていくのには、「紙に書いた目標を見直す」というのが欠かせません。

見ませんと、私たちは日々の仕事に「忙殺」されてしまって、なかなか目標について考えたり、意識を集中することが少ないのです。

＊目標に集中し続けるためのアイデア

アイデアとしては、

・手帳に書いておくこと（通常は手帳にスケジュールは書いても、人生目標を書くことはまずありません）
・財布、机の引き出し、トイレの中など目につく所には、必ず貼り出すこと（貼るだけでなく、カードにしてもち歩いたり、前述のようにＰＣと連結させて必ず見えるようにしておきます）
・紙に書いた目標を声に出して読むこと（声を出すことによって、意識を集中させて、気分を新たにとりくめます）

さらに、毎日目にしていますと、意識の表層だけでなく、心の深い部分、潜在意識にまで到達していき、その実現をサポートしてくれます。

ムリに行動しなくても、心の深い部分に願いが到達していますと、知らないうちに行動が変わります。

何かを気にとめていますと、ニュースや本人の会話でも、やたらにそのことが出てきたり、看板が気になるのも、この「潜在意識」の力です。

「紙に書く」ことはこのような大きなメリットがあるものです。

私がどん底から実践した計画

松下幸之助氏が、二五〇年計画表を立てて、自分から「孫」の代までもの経営プランを実行していったことは有名です。

私はそこまでいきませんが、一般の計画表よりも「長いスパン」で人生計画を立てました。それもかなり若い時期にです。

皆さんの目標は何でしょうか？

私は家庭の事情が複雑で、母を亡くし、そのあと二回母親が代わりました。ここには書ききれませんが、「いびられ」「いじめ」の類に幼少の頃からあいました。

もう時効で、当事者の親父も亡くなっていますから、思いつくままに書いてみましょう。

中学生の時体育の授業がありました。前日、体操服のズボンが必要なので父にいいますと、「体操服のズボン、そんなものいらん」といわれました。「いらんといっても、明日必要なのに……」「いいからそのまま行け！」新しい母や子達には、服を買うのに、「私には必要ない」というのです。

翌日、「誰だ、そこの制服のズボンの奴は？　どうして体操服を着ないんだ！」と恐い体育の先生に怒鳴られ、ビンタされ校庭を周らされました。本当に悔しかったです。

「どうしたんだ？」

「はっ、はい、忘れました…」

忘れたんではないんです。買ってくれなかった…。

あるいは、こんなこともありました。

家に戻ると、スキヤキの準備がしてあります。「今日はスキヤキか」と思っていると親父と継母、子供たちはスキヤキです。

しかし、私は台所で一人で別の残り物を食べさせられました。こんなことは、しょっ中です。

こんな、厳しく、寂しく、くやしい日々をすごした私にとって、
「自分のいい家庭を築く」
のは最大の願望になりました。

人生のターニングポイント

そこで、私の二〇代前半は「いい家庭を築く」ための相手探しをかなり真剣に行いました。

ところが、探してみてわかったのは、いい家庭を築くために欠かせない「いい女性」は、間違いなく「いい男性」を探しているということです。

そこからしたら、当時の私はむしろ自信もなく、とても「いい男性」とはいえない、むしろ、たぶん女性なら避けるようなネクラタイプだった気がします。

二四才の時です。

私は「この人は素晴らしい」という女性にめぐりあいました。私は何事も徹底する主義ですので、毎日二通の手紙を出しました。家にも電話をかけまくり、相手の父親

から、「お前か、箱田という奴は、娘がいやがっているだろう。本当にいいかげんにしろ」と怒鳴られました。あたかも犯罪者扱いです。

そして、雨の日でした。銀座のソニープラザの前で、こういわれました。実はどうしても会ってくれないので、友人の名で彼女を呼び出したのです。

「本当に、あなたって人はひどいですね。もう二度と顔を出さないで下さい」

そしてそのあと、ここには書けないほどの、致命的に心に刺さる一言をいわれました。

私は雨の中、銀座でズブぬれになり、本当に時を忘れてたたずみました。

しかし、ピンチはチャンスといいます。この日の失恋が、今の私の人生の大きなターニングポイントになったのです。

人生を変える大決断

この失恋の時、私は強く思いました。

「人生を大きく変えよう！　このままでは自分がダメになる」

当時私は外資系企業の一社員で、給料が二万八八〇〇円です。

しかし、新天地「アメリカへ行こう！」と決意しました。当時は一ドル三六〇円。ドルの規制も強く、簡単にビザはおりません。「洋行」というくらいで、ヨーロッパやアメリカに行くことだけでも、本当に羽田に正装して、周囲も「すごいことですね」と感心するような時代です。

私は、もしも大きな人生目標があって、心の底からその実現を信じたなら、必ずそのための手段はあると信じています。

成功するための鉄則は

「目標を設定したなら、手段を考える」です。そして、手段が決まったら、「死に物狂いで実行する」のです。

私は、当時アメリカに行くための手段を紙に書き出して、一つ一つ実行していきました。

①フルブライトの留学生試験を受ける
②アメリカの大学院の入学許可証をもらう

当時は、これにプラスして二〇〇〇ドル以上あれば海外へ出れました。といっても、当時の七二万円、私のサラリーは月二万八八〇〇円。どうしたらいいか？

フルブライトは筆記で受かりましたが、面接で落ちました。

大学院の入学許可はどうしたら得られるでしょう。

私はこれも紙に書き出して、一つ一つ実行していったのです。

①紹介してもらう
②手紙を書く

そしてこの手紙を書く方は、何と二〇〇校に「手書き」で送りました。

すると、ミネソタ大学、ウエスタン・ミシガン大学の二校から「受けてもよい」との返事です。この時は、さすがに嬉しかったです。

大学院の許可証、ビザを取るにはあともう一つ関門、二〇〇〇〇ドル（七二万円）を手にしなくてはいけません。どうしたらよいか。家が貧しかった私は、自力で作らねばなりませんでした。

夜のバイトで目標達成

レストラン「ベニハナ」のオーナーで、アメリカで最も知られる日本人の一人にロッキー青木氏がいます。

彼と話をしていて一つ意見が一致しました。それは、

「Work hard,work smart（ワークハード、ワークスマート）」

が成功の鍵であり、まず人より多く得るには、とにかく「人より長く働く」、ワークハードが大切だ、と。

すでに社会人だった私は、仕事の終わったあとに五時半から五時間、夜のバイトを

して七二万を貯めようと思いました。

渋谷にあったキャバレーに、「ボーイさん募集」の広告を出していた「ヤングレディ」という店がありました。読売の広告をみて、私はマネージャーと面接することになったのです。

「うーん、あんたが来る必要はないと思うけどね、他の仕事があるんじゃないの？」

＊「ラブレター書き」でお金を貯めた

私の学歴や、会社勤めの履歴をみて、マネージャーは思いとどまるようにいいました。しかし私は、

「どうしてもお金が必要なんです、何でもやります！」

と頼みました。その熱意が通じたのか、

「じゃあ箱田さん、ラブレター書きをしないか」ということになり、ホステスさんの代筆がアルバイトになりました。

ホステスさんの一番大事にするのは、「名刺」です。これが、顧客管理の元になり、「電話」と「ラブレター」と合わせたのがいわゆる三種の神器になります。

名刺をもとに、ごぶさたしているような客がいたら、コマメに電話しています。控室でラブレター書きをしながら、「世の中、いろいろあるな」と思ったことを覚えています。また、自分と同じような年でこんなことしている奴はいないだろうと、思ったりもしました。まだ、私は若かったのです。

「来週からサクラ祭りです。今日はとっても楽しかったです。また店に来て下さいね、あなたのエリカ」

「今日のあなたの笑顔、忘れられないわ。必ず来てね。夢で会えたらいいね。あなたのあつな」

と甘い文面でラブレターをせっせと書きます。一枚いくらのチップでしたが、慣れていくと文面も上達し、

「箱チャンのおかげ、多めにあげるわ」

などということもあり、一年でようやく七二万を貯めました。

もちろん、昼間の仕事もこれまた私なりに頑張りました。

アメリカでの苦労、体験はまた別の機会に述べましょう。

タクシーの運転手から清掃員、あらゆることを行なって、「何でも来い！」という

不動の自信がありました。二年間のアメリカ生活が私を変えたのです。

人は体験によって成長する、やろうか、やるまいか迷ったらやるほうにかけるべきです。

目標が私の人生を変えた！

私は前述したように、「いい家庭を築く」のが一番の目標であり、そのために「いい女性」と結婚するつもりでした。

当時のいい女性の代表は「宝塚の女優」か「スチュワーデス」でした。

アメリカから帰ってから私の書いた目標は

「一年以内に、スチュワーデスか女優と結婚する」

でした。当時は今のような合コンもありませんから、全ての出会いも自分で設けていく必要がありました。

といっても、当時の国際空港の羽田にいきなりいって、スチュワーデスさんと名刺交換するわけにもいきません。

しかし、目標が決まったなら、「手段」はいくらでもあるものです。

しかも、ただ「知り合う」のではなくて、結婚まで考えていますから、私の行動も半端なものではありません。

当時は外資系にいまして、英語はちょっと自信がありましたから、率先して海外出張のチャンスがあれば手を挙げました。飛行機に多く乗れば、スチュワーデスに会うチャンスも多くなります。

さらに、出口に一番近い座席は、スチュワーデスさんと対面して座れますので、必ずそこをキープするように予約時に工夫しました。

あの頃は、国際線スチュワーデスも珍しくて、一番前のスチュワーデスと対面する座席もかなり〝倍率〟は高かったのです。ある時など「その席はふさがっています。が、三番目は空いていますよ、そこからでもスチュワーデスさんはよくみえますよ」などといわれて、笑ってしまった記憶があります。

国際線スチュワーデスとの結婚

そして、二七の時にニューヨークからパリへと渡る飛行機の中で、笑顔の素敵な女性と知り合い、結婚することができました。

日本航空の国際線スチュワーデス、つまり目標は実現して今の家内です。

大きな問題は給料のつり合いです。彼女は二〇万以上、私はその時には昇給していたものの六万八〇〇〇円。

彼女の父から二回

「どうだろう箱田君、この話はなかったことにしましょう」

と本当にいわれました。

しかし、どうにか私の「信念」が天に通じたのでしょう。結婚できました。

千葉の東菅野のオンボロ古家が私たちの結婚生活のスタートでした。

カーテンをとりかえて、家具も置いて、ようやく住居らしくなった所で、近くの文房具屋へ行き、大きな模造紙とマジックを買いました。

信念の魔術はダイナマイト級

私はアメリカで、クラウド・M・ブリストルの『信念の魔術』を読み、そこには、信念はTNT（ダイナマイト）以上のパワーを発揮するとあり、私は信じ、実行しようとしたのです。つまり、自分の信念、目標、夢を具体的に書き出しました。


「今、給料は六万八〇〇〇円だけど心配するな。これから二人で夢を全て書き出そう」

「そんなこと急にいわれても、あなた、思いつきません」

「たとえば海外旅行したいとか、子供はどうしたいとか、どんな家に住みたいとか、いろいろあるだろう。それをそのまま書けばいいんだ」

すると、

「そうね？　鎌倉に海の見える、レンガ造りの大きな家に住みたいわ」

「いいね、そんな調子であげてみなさい」

「ベンツもいいけど、そうだわサンダーバードなんかいいわね」

「あの巨人の柴田の乗っているやつ？」

「そうよ、色は黄色かしらね」

「子供はどうする？」

「どうせなら、専門職で、医者や弁護士はどうかしらね」

「じゃあ、子供は医者にする、と書きなさい」

「他にあるか？」

「そうね、別荘が欲しい。海の近くに住むなら山、そう山中湖に別荘を持ちたい」

という形で次々に模造紙に書き出しました。

ポイントは、ブレインストーミングと同じで「批判厳禁」です。「ムリだろう」とか、「それはちょっと」などといわずに、思いつくままに正直に書き出していくのです。

成功するための「ホリスティック・アプローチ」

人生で大事なことは何でしょう。

仕事、お金、健康、家庭？

それらは一つだけ満たされても、幸せになれません。

仕事はうまくいったものの、家庭不和などという例はいくらでもあるでしょう。

ですから、人生で成功するためには「ホリスティック・アプローチ」が重要なのです。ホリスティックとは、「全体的に」というような意味です。

また、目先の目標が達成できても、今や人生八〇年はあたり前の時代です。長期的な目でも、目標をとらえたいものです。

この二点から
私は「三年後」「五年後」「一〇年後」「一五年後」「二〇年後」「二五年後」「三〇年後」まで、時間を分けて、その時点での目標を書き出すことにしました。

さらに、目標を六つにジャンル分けしました。

①仕事面
②経済面
③家庭面
④健康面

⑤自己啓発面
⑥その他

というようにしたのです。このように、各ジャンルごとに二人の目標を書き出しました。

①仕事面の目標

たとえば、何歳で課長、何歳で部長といったものもあれば、独立するとか、仕事上の資格も含めて書いていきます。

②経済面の目標

これは給料や貯金の類、不動産や株式も含めてマネービルディングについて段階的に書いていくものです。

③家庭面の目標

私の場合はここが最大の目標でしたから、別荘や家、家族旅行、また子供が生まれる前から男の子三人女の子一人くらいを考えていました。長男は医者というように書いていきました。

④健康面の目標

これはウェイトコントロールや、禁煙、検診のような健康についてのことは全て書いておきます。

八〇代でも八割は自分の歯でとか、中には「期限つき」ではなくて、毎日腕立てふせをする、というような行動も書いておきます。

健康は病気にならないというだけでなく、体を鍛えるような前向きなことも書いておきたいものです。私はボディービル、サーフィン、坐禅はずっと続けています。

⑤自己啓発面の目標

これは通訳の資格を取るとか、パワーポイントとか、経理を身につけるような、自分を磨き高めていくものを目標にします。読書や本を書くなどのライフワーク的なものも含めます。

目標の設定

仕　事
1.
2.
3.
4.
5.

自己啓発
1.
2.
3.
4.
5.

経　済
1.
2.
3.
4.
5.

健　康
1.
2.
3.
4.
5.

家　庭
1.
2.
3.
4.
5.

その他
1.
2.
3.
4.
5.

三〇年計画表はずっと壁に貼っていました。すると、妻のスチュワーデス仲間が、時々遊びに来て

「えっ、三〇代で社長夫人？　何なの」

といって笑われたりしたそうです。

妻は「はずしましょう」といったのですが、本気の私は許さずに、かなりの期間壁に貼っていました。

＊九〇パーセント以上の目標を達成

今は紙が古くなったので押し入れに入っていますが、新婚時代の三〇年計画表は私の人生を変えたといえましょう。

ちなみに、私はこの時の九〇パーセント以上を今達成できました。運がよかったかなと思っています。

仕事では、二九歳で次長、三三歳で部長、三八歳でイブ・サンローランの社長になりました。これは、ヘッドハントされたものでした。まあまあ、サラリーマンとしてもうまくいきました。

四一歳で今のインサイト・ラーニングを設立し、現在に至っています。

家庭面では、いい妻、いい子供達に恵まれて、長男は医者になっています。次男は大学の助教授、三男は私の会社を手伝ってくれています。

車も、サンダーバードを手にし、山中湖の別荘、観沼のサマーハウス、BMW、ベンツ、スポーツカーと車が趣味なので、自由に乗って楽しんでいます。日本では見かけないスポーツカーに乗っていたら、紀子様の乗る黒塗りの車の窓が開いて「何という車ですか？」と声をかけられたこともあります。

サーフィンは下手ですが、「ゴッデスサーフィンクラブ」という日本で一番大きなサーフィンクラブの会長をしています。

一〇〇パーセントではないですが、本当に人生目標を書いておくことで、まあまあ幸せな人生になっている気がします。

まだまだ成功した人生などとお世辞にもいえない私ですが、好きなこと、やりたいことができ、小さな幸せを味わっています。

まとめ

- 「目標」と「願望」は全然違う！
- トップ三パーセントの成功術
- 「願望」を「目標」に変える三つの方法
- 「目標」ができれば手段は絶対にある！
- 人生目標は「ホリスティック・アプローチ」で

Chapter 3 ●第3章

行くべき方向を間違えないようにする！「できる人」のプロセス管理術

目標を達成するためには「プロセス管理」が重要

目標を鮮明に描くことが、人生成功に不可欠なことはおわかりいただけたでしょう。

ただ、前述のミシシッピ大学の卒業生にしても「目標をもった」だけでたちどころに成功したのではありません。

私も、人生三〇年計画表を立てただけでうまくいったわけではありません。

ここに誤解がありますと、

「どうして目標を立てたのに成功しないんだろう」

となってしまいます。〝目標を立てる〟というのは、成功への第一歩なのです。

アメリカのジョセフ・マーフィーという有名な自己啓発の先生のところに若いビジネスマンが、

「すみません、目標をはっきりさせたのに成功できません」

と真顔で相談に来たというのです。

「一カ月以内に、テレビの上に一〇〇万ドルの札束がある」と強く念じて、目標をはっきりさせたのに、一カ月たっても一〇〇万ドルがないのですが、といったそうです。

何がおかしいか、おわかりでしょう。しかし、この話を笑う人も、「目標を立てただけ」で成功するという誤解もありますから要注意です。

現在のあなたと目標の間には、時間にしても、能力にしても「距離」があることでしょう。その距離をうめるのが「プロセス管理」です。

「モケジフォの法則」で行くべき方向を決める！

まず、目標をはっきりさせたなら、行くべき方向はわかります。

「すみません、どこかへ行って下さい」では、タクシーも行きようがありません。同様に、「行き先」をはっきりさせたということで、目標の持つ意味は大きいのです。

今の、現実と理想の間を埋めて、目標を現実化するのが、〝**モケジフォの法則**〟と私が名付けている「プロセス管理」なのです。

では、モケジフォとは何か？　それは、次の頭文字をとったものです。

モ…目標
ケ…計画（手段）
ジ…実行
フォ…フォローアップ

それでは説明しましょう。

・目標

「目標」はもう述べてきたところです。大切なのは

・期限のある
・具体的な中身
・紙に書く（目に見えるようにする）

という三大条件を満たしたのが、目標ということを忘れてはなりません。

・計画（手段）

これは、そのための手段を、しっかりと計画を立てて煮つめていくことになります。私が「人生何でも可能、打つ手は無限」と繰り返しているこの「打つ手」というのが、ここでいう手段にあたります。

・実行

実行。これはいうまでもなく、計画を実行にうつしていくことです。この場合に、メンタルな先延ばしのクセもありますから、その克服法については後で述べましょう。

・フォローアップ

たとえば、ミサイルが目的地に達するためには、風の強さや向きによって、「修正」しながら飛んでいきます。ただまっすぐいったのでは、目的地からそれてしまうことにもなりかねません。

この修正にあたるのが、フォローアップになります。

仮にわかりやすく、ダイエットを例にあげましょう。

「三カ月以内に三キロやせる」という目標を立てたとしましょう。

計画（手段）として、毎日五キロのジョギング、腹筋五〇回、食事のコントロールの三つをあげたとします。

そして、実際にやり始めます（実行）。

ところが、ジョギングはいいし、カロリーコントロールも平気そうなのですが、どうやっても腹筋は三〇回しかできなかったとします。そうすると、それは「腹筋三〇回に加えて腕立てとスクワットを二〇回」というように変更する（フォローアップ）。

プロセス管理が大切

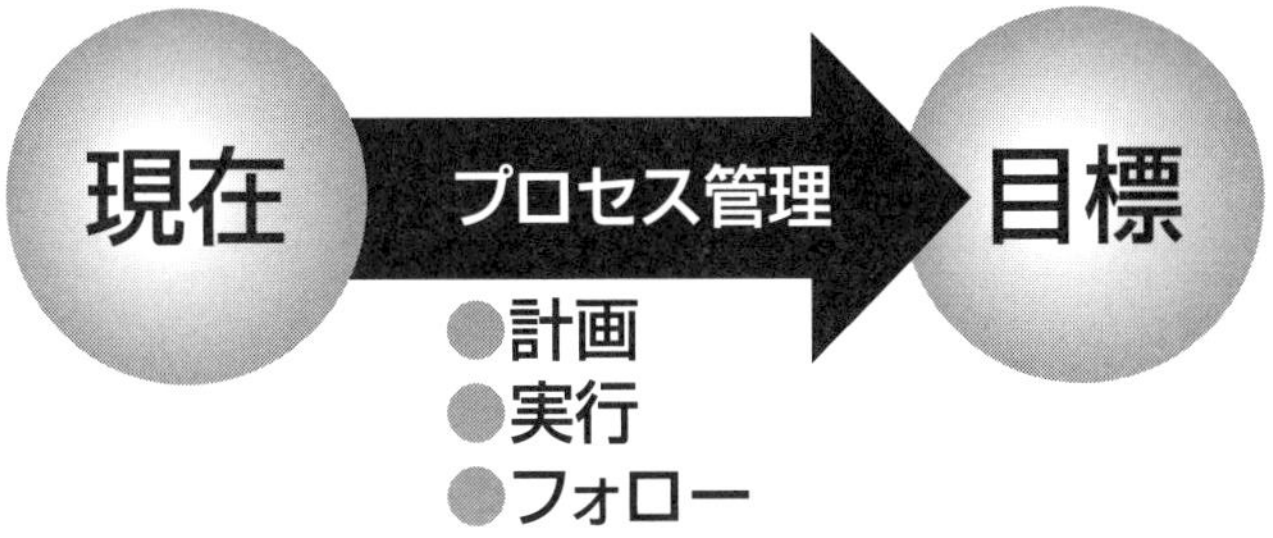

モケジフォの法則

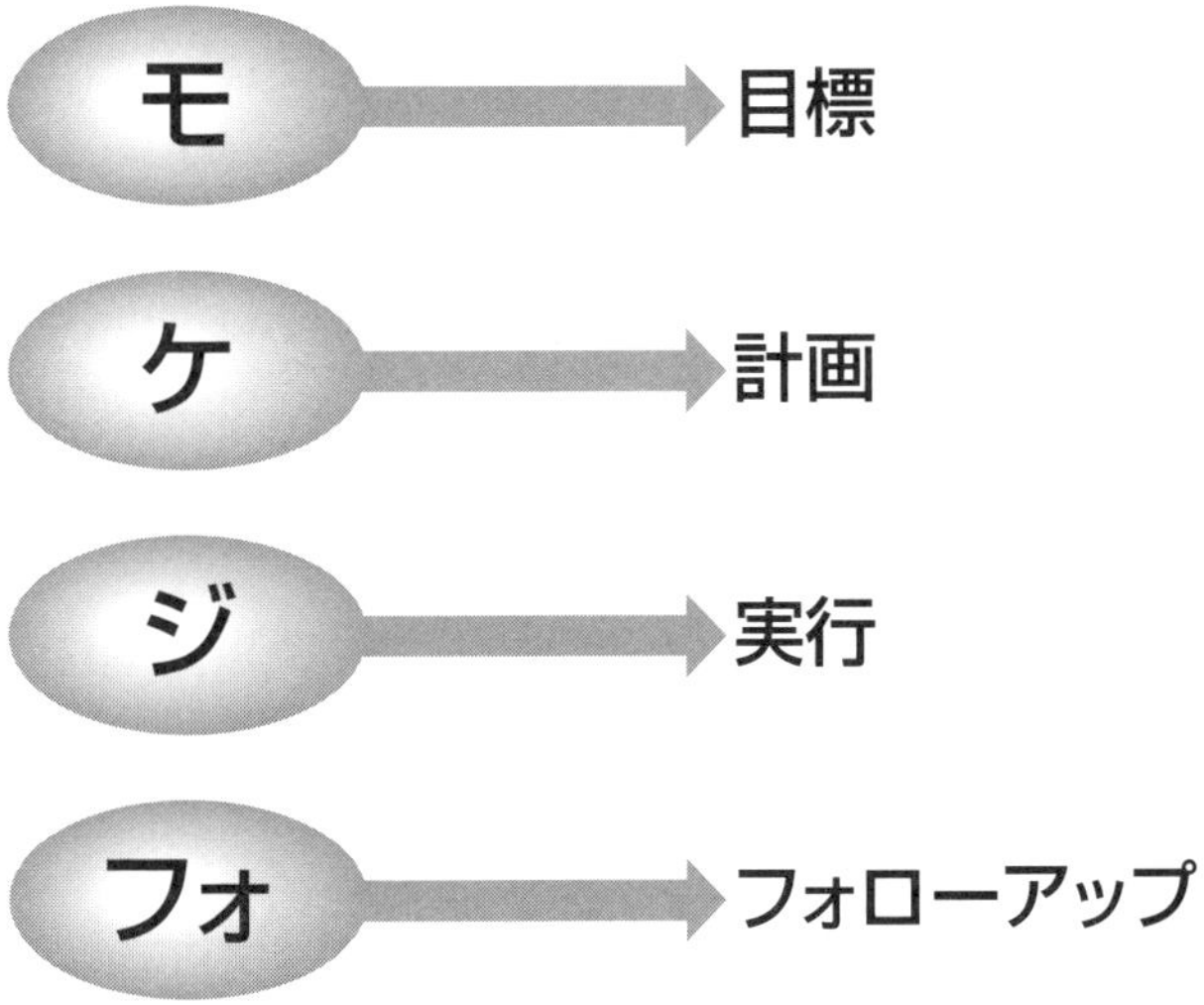

このダイエットを、皆さんの目標におきかえて考えてみて、モケジフォを用いて、目標を実現させていきましょう。

今日に落としこむのが成功の鍵

モケジフォの中でも、一番といっていいくらいの山は、実行の「ジ」の段階です。目標を持ち、計画を立てたとしても、実行できないのでは目標は現実にはならないでしょう。

多くのビジネスマンに共通しているのは「忙しい」ために、「まあそのうちやろう」「ガンバロウ」となってしまってなかなか実行しないということでしょう。

私のセミナーに出た人でも、五年前に「英語をマスターする」といった人が、別のセミナーで五年後にお会いして、「どうですか英語は？」というと「ええ、まあ今とても忙しくてマスターできてません」となることもあります。

それだけ、実行にうつすのが大変ということです。

あまりに大きな目標は、「今日」何をするのかに結びつきませんので、時間はいたずらに過ぎ去ってしまいます。

＊「今日」がいっぱい集まったものが一生

次の三ステップで、あなたはもっと早く目標にとりくめて、モケジフォの流れがスムーズになります。

・第一ステップ

まず年間目標をはっきりさせます。量的なものなら、「数」「量」を年間ベースならどのくらいになるのかを決めるわけです。

仮に、一年間に英単語二四〇〇語でしたら、これが年間ベースの目標になります。他の外国語も同じで、二〇〇〇語が基本語のラインといわれますので、このくらいが〝相場〟でしょう。

・第二ステップ

それを月間におきかえたら、どのくらいになるのかをつかみます。

今の例なら、二四〇〇÷一二で二〇〇語となるわけです。

この辺のところをはっきりさせませんと、あまりに大きな目標だけに目がいってしまって「そのうちやろう」となりかねないわけです。

・第三ステップ

そして、さらにそれを「週間ベース」とします。月に二〇〇でしたら、四で割って五〇。つまり一週間に五〇語覚えればいいのです。

もちろん、これが二〇〇語としたら、もう少しゆるやかになります。

そしてここまできたら、あとは「今日」どのくらいやったらいいのかすぐにわかりますね。一日七語。一日七語の新しい単語を覚えていったなら、二四〇〇も楽々と覚えてしまいます。

何度もいっているように時間管理の基本中の基本は「今日」何をするのか、です。

現実には「明日」はなく、明日と思っているその日も、起きてみたら「今日」となってしまいます。

「今日」何をするかが、究極は大目標を実現させるための土台になるのです。

前述のように、「今日」がいっぱい集まったものが一生ですから、目標達成は「今日、何をするか」で決まるわけです。

クリスマスツリー・マネジメント

時間管理を考える際には、イメージとして〝クリスマスツリー〟を考えますとよくわかります。

大きな目標は木の幹にあたるものです。これがはっきりして、始めて枝葉が存在します。

ところが、中にはあまり考えずに、ただ会社へ行って、手につく仕事からやる人がいます。

「あっ、これもしなくちゃ」

「これもやらなくてはいけない」

となります。思考が全て思いつきで、目先のことばかり考えてハチャメチャな状態になっている人です。

　これは、木でいうとパラパラした葉の部分で、これをいくらやり続けたとしても、いつまでたっても「木」という大目標を成しとげることはできないのです。

　そこで、クリスマスツリーの「大枝」にあたるのが、「一〇の目標」になります。この目標分野を「一〇」に分けて、上手に目標管理をしていくのです。

　今まで研修を行ってきた体験上、一〇のうち「七つ」は仕事の分野に、残り「三つ」を、その他の仕事以外の目標にするのがよいでしょう。

　たとえばセールスマネージャーの例をあげてみましょう。

【GOAL　AREA（目標分野）】
①販売組織／コミュニケーション
②販売計画／予算
③販売経費
④顧客管理
⑤販売分析

⑥市場情報
⑦販売戦略／促進
⑧FINANCE（経済）
⑨RERSONAL（家族、友人、プライベート）
⑩Don't forget（備忘録、小目標）

といった感じです。

私たちは毎日、ともすると思いつきで過ごしがちです。「今日、何をしようか」「あれもしなくちゃ」「これもしなくちゃ」「あれを忘れていた」というふうに、パラパラと思いつきでやっていることが多いようです。

私は、これを「パラパラ・マネジメント」と呼んでいます。

パラパラやっていると、当然のことながら「大事なことを忘れる」「ムダが多い」「ムリが多い」「ムラが多い」…などということになっていきます。

クリスマスツリー・マネジメント

- 幹 → 目　標
- 大枝 → 目標分野
- 小枝 → 小目標
- 葉っぱ → 行動計画

仕事の成果をあげる三大ポイント

「今日に落としこむこと」の重要性を先ほど述べましたが、ここでは仕事にしぼって、効率よく成果をあげるための三大ポイントを紹介します。

それは

①全体展望
②優先順位
③メモリー

の三つです。

それでは、説明します。

＊①全体展望

全体展望をしませんと、常に私たちは目先の仕事だけをやりがちです。

昔、豊臣秀吉が足軽の頃、城の土台石を積む作業をしていました。

他の足軽は、「何をしている？」と尋ねられると、「はい、石を積んでいます」とだけ、つまり目先にしていることしか答えなかったといいます。

ところが、藤吉郎（豊臣秀吉）のみが、「はい、立派なお城を造っているんです」と、楽しそうに答えたといいます。

偉い人は、常に全体展望をして仕事をしているという一例です。ややもすると私たちは「石を積んでいる」となりがちです。「城」を見なくてはなりません。

このOverview（全体像をつかむ）するためのテクニックとしましては、すでに紹介した二つを、徹底的に活用します。場合によっては、手帳やＰＣも総動員して、チェックしておきましょう。

一つは「モケジフォの法則」。

もう一つは「年間、月間、週間の三ステップ」から「今日」に目を向けていくことです。

モケジフォの法則は、いうまでもなく目標、計画、実行、フォローアップの流れの中で仕事をしていくことです。

「年間、月間、週間の三ステップ」は、手帳の中でも年間プラン、月間プラン、週間プランそしてデイリープランを、常に「一度に眺める」ようにして、全体の中で「今日」なすことをつかむことです。

この二つをしっかりつかんでさえいれば、今しなくてもいいこと、余計なことにまどわされずに、目標実現のための行動に集中していけるというメリットがあります。

②優先順位

優先順位づけのやり方で、二つ大切なアイデアをご紹介しましょう。それは

- **A、B、Cランク分け**
- **重要度と緊急度をつかむ**

の二つです。

仕事や目標を重要な順にAランク、Bランク、Cランクと分けます。これ以上こまかくしますと、かえってその作業に時間がとられますから、現実的ではないものとなりかねません。

そして、このAランク、Bランク、Cランクをカードに一項目ずつ書き出して、それをA、B、C毎にまとめます。

つまり、全ての仕事、タスク（課題）に番号をつけるということです。

次に、Aランクの中でさらに順位づけをしていきます。たとえばAの一、Aの二、Aの三、Bの一、Bの二、Bの三…というようにしていきます。

そして、リスト化して常に持ち歩くのです。当然、リストの上、つまり優先度の高い順から手をつけていきます。

仮に全てのリストが終わらなかったとしても、すぐにやらねばならない大切なこと、優先順位の高いものは済んでしまいますから安心です。

コマメにメンテナンスをして、リストは最新のものにしておくことも忘れないで下さい。今日はAの三だったものが、明日にはAの一にもなり、逆にCランクになることもあります。ビジネスは「生き物」ですから、手入れを怠らないように心がけましょう。

③メモリー

そして、三つ目のポイントは「メモリー」です。人は、常に「目」に見える形にしていませんと、忘れてしまうものです。

自分の「仕事やプライベートの目標」をいつでも「目にする」こと。

「人生目標を書いて、常に目に見えるようにしておく」

そしてもう一つ、

「やりたいことは全て書いておく」

これはぜひ習慣づけましょう。ただ頭の中で思っていただけでは不十分です。必ず書いて、自分でも目にすることがビジネス成功の基本です。

具体的に「何を」「いつまでに」という形でポストイットに書き出します。

こんな小さなことですが、「いけない、忘れてた」ということを防げます。これらをまとめて『メモリー』としておきました。

この全体展望、優先順位、メモリーの三つを欠かさないで仕事に取り組むことで、あなたの「成果」は格段に上がるでしょう。

計画を実行するための七つのテクニック

目標が明確になり、手段、計画もできたら、モケジフォの「ジ」、つまり実行につなげねばなりません。そのための七つのテクニックをご紹介しておきます。全て、今から実行可能なものです。

①同時多処理する
②期限をつけて集中する
③タイムロックの実行
④すぐやる習慣をつける

⑤電話、メールのプランニング
⑥もっと他人に任せる
⑦最初の四分間に全力を

①同時多処理する

難易度の高いもの、緊急な仕事など「ながら式」にできない仕事があります。これは、「一時一事」といって、集中しなくてはなりません。それ以外は、極力、同時処理を心がけていきましょう。

朝五時に起きて、新聞をとり、日経と読売を読みながら、トイレに入り電気カミソリでヒゲをそります。パソコンを持ち運べたら、トイレでインターネットをやって情報のチェックもあるかもしれません。

ここで、情報収集、用をたす、ヒゲをそる、という三つの同時処理を行ないます。

この場合は「仕事そのもの」ではありませんが、同じように平行して処理できるのであれば、同時に行なった方が時間が大幅に節約されるのはいうまでもありません。

トイレのあとは、昔はFENで朝のニュースを聴きながら、歯を磨きました。ここで、英語の勉強、ニュース、歯磨きを同時に行なったわけです。

食事の最中は、昔は子供が男の子三人同居していましたから、学校の話をよく聴きながら、父親としてコメントをしたり、コミュニケーションをはかりました。子供とのふれ合いと食事、これも同時処理といえましょう。

通勤電車の中でも、MDプレーヤーで好きな曲を聴くとか、語学の勉強をしながら、日経で株をよく調べ、売買を決めて「金儲け」をしたり、と同時に行なえます。リラックス、自己啓発、金儲け、情報収集、通勤と五つのことを同時にできるわけです。

「やさしい作業は同時処理とする」ことを実行しましょう。

＊②期限をつけて集中する

以前、営業マン向けの雑誌に、営業マンのヤル気を高める法というようなテーマで原稿の依頼を受けました。

ところが、年間三〇〇回程度の研修講演をしているので、なかなか集中して書く時間がとれません。

「どうですか箱田さん、原稿の進み具合は？」編集者からさっそくの電話です。

「もう半分くらいですから」といったものの、何も手をつけていません。

そして、こうなります。

「今日の三時にとりにいきますのでお願いします」

実は、一行も書いていなかったものが、一カ月で書くはずのものが朝から書いて三時に間に合ってしまいます。

もう後がない、切羽つまっていた状況なので、私は全神経を集中して書き上げたのでした。

受験生が「一夜づけ」で全力を出すのと同じことです。

出社しましたら、「このプロジェクトは、三日以内に」「この企画書はあさっての四時までに」というように、あえて全ての仕事に自分でしめ切りを設けるようにしてみましょう。

③タイムロックの実行

タイムロックというのは、時間に鍵をかけてしまうこと、自分自身とのミーティングの時間と思って下さい。

時間活用には「プランニング」が欠かせないのはいうまでもありません。しかし、このような大切な「プランニング」をする時間がなかなかとれないという人も多いのではありませんか。

電話の取り次ぎも一切なし、人とは会わないし、社内伝達もとにかくその時間帯だけは絶対にしない、という一人だけの時を持つのです。

場合によっては、社内の会議室などの集中できる場だけでなくて、近くの喫茶店でもいいのです。もちろん、サボるのとはまったく意味合いが違います。自分一人だけの、誰にもじゃまされない時間と場所をつくり出すのです。

これはたとえ週に一回、一五分位の短い時間であっても、確実にあなたを変えていってくれます。

周囲に公言して「あの人は、今タイムロックだから」とわかるようにしておけば協力してくれることもあります。

やることは、主に「プランニング」ですが、仕事のやり方の反省や目標設定など、使い方はもちろん自由です。

「タイムロックで、反省とプランニングの時をもとう」

④すぐやる習慣をつける

昔、千葉県松戸市の市役所に「すぐやる課」があったのを覚えていますか？

「そのうちやろう」「いつか手のあいた時にやろう」と思って何もしないでいますと、私たちはなかなかやりません。

私はこのような先延ばしにする人間の心理傾向を「そのうち病」と名付けました。

「そのうちそのうちどこのうち」などといいます。

また詩人のあいだみつをの書にも「そのうちそのうち、弁解しながらひがくれる」というものもあります。

これらは、よく私たちの「実行をのばす」くせを示していますね。

どうでしょうか？　メールを「読まなくては」「処理しなくちゃ」と思っていて、いつの間にかたまってしまい、月末には斜め読みしたり、ようやく件名のみ確認して〝削除〟ということはないですか。そのうち読もう、ではダメなのです。「その場」でチェックする習慣をつけましょう。

小さなことは「その場で決断」「即実行」にしましょう。

多くの決定事項の八割は「とるにたらないもの」といわれます。

もしも実行してみてうまくいかなかったら、次々に別のやり方で実行したらいいのです。

「今すぐメールを処理しよう」

「今すぐ電話しよう」

そして、今すぐ行動しましょう。

『積極的な考え方の力』で著名だったノーマン・V・ピール博士は、

「不安の九二パーセントは現実には起こらない」

といっています。

先のことを悩み、あれこれを考えすぎますと、なかなか行動できないものです。

私はいつもセミナーでいうのです。

「やろうかやるまいか迷ったらやってみよう！」と。

すぐやる習慣があなたの時間管理をガラリと変えてくれます。

⑤電話、メールのプランニング

電話は、いきなりかけますと必ずといっていいくらいにモレが出てきます。

以前に、講演会の受け答えをする事務員の会話を聞いて叱ったことがあります。

「先生、来月一〇日、那覇の会場で二時から六時で決定です」

「そう、それで空港にお迎えはあるんですか？」

すると、彼はあわてて電話します。

「はい、一一時に迎えの方がいるのですね」

「先生、一一時に先方の人が来るそうです」

「ところで、宿泊のホテルの名前は？」

「いちおう連絡先もきいておいたら」

と、三回も四回も沖縄に電話をしていたことを思い出します。

その人は岩崎さんといって、人柄はいいのですが時間管理は残念ながらイマイチでした。

極端な例ではありますが、事前に電話プランを立てて、メモ用紙一枚あればこのような手間は防げます。

あらかじめ「何を聞くか」「何を話すか」をメモしておくだけでいいでしょう。

これはメールでも似ていて、いきなり文面を打つのでなくて、頭の中であらかじめ内容をイメージしたあと、箇条書きでキーワードをメモしてから打ち始めますと、かなりの時間が節約されるのがおわかりでしょう。

「電話プランを立てておこう」

「メールも、あらかじめイメージしてから打ち始めよう」

✻ ⑥もっと他人に任せる

あなたでなくてすむことは、できるだけ他人に任せてしまうことも、時間管理には欠かせないことです。これも「権限委譲」のような大きな仕事でなくて、小さなこと、任せられるものは極力任せてしまいましょう。

私も、どんな小さな仕事でも誰よりも速く、良くできる自信があるのでどうしても全てやってしまいがちです。若い頃は「手ばかりでなくてもっと頭を使って」と周囲にいいとばしていました。

この頃は、「円熟？」してきたのか、あまりどならずに任せています。

なお、ビジネスにおいて、仕事は次の三分類にわけられます。もしも部下のいるようなリーダーでしたら、この三つを部下にあらかじめ徹底して知らせておき、いちいち報告させないようにして、時間を上手にコントロールしましょう。

①完全に任せて報告なしですむ仕事
②事後報告が必要な仕事
③事前承認もいるし、事後報告も必要な仕事

⑦最初の四分間に全力を

私たちの仕事は、初めが肝心です。

レナード・ズーニン博士は「仕事をして一つの事を成しとげるには、初めの四分間で方向付けが決まる」という内容のことをいっています。これは有名で、本のタイトルにもなっている話です。

どうでしょう。初め、出だし、前半に全力を傾けているでしょうか？

出社して、コーヒーを飲んで、新聞を読み、友人とダラダラと話しこむようなことはありませんか？

「あーあ、また一日か、いやだな」

などと否定的な思いで一日を始めてはいないでしょうか？

起床して、家族に大きな声で明るく「おはよう！」と声をかけることからスタートです。初めの四分で、一日を素晴らしいものにできるといっています。

ですから、私の研修でも最初が肝心で、朝からニコニコ、大きな声で元気よくを心がけています。

セミナーのモットーも「明るく、楽しく、元気よく」としているくらいです。

息子が小学生の頃の作文に、父親のことを書けといわれて
「うちでは、お父さんが一番早起きで、一番元気です」

と書いていたことを想い出します。

一日のスタートを元気よくやりましょう。もちろん家庭でもそうですし、職場でも同様です。「あの人といると元気が出てくる」といわれるような人になりたいものです。

まとめ

・「モケジフォの法則」でプロセス管理をする
・「今日」なにをするかが重要
・クリスマスツリー・マネジメントで目標管理
・仕事の成果をあげる三大ポイント
・計画を実行するための七つのテクニック

Chapter 4 ●第4章

成功者だけが知っている!「できる人」の時間管理術

「パレートの法則」から考えよう

イタリアのパレートという経済学者は、「八〇対二〇の法則」（パレートの法則）を発表しています。

「パレートの法則」とは、時間で考えれば、私たちの消費する時間の八〇パーセントはわずか二〇パーセントの成果しか上げていない。逆に、残りの二〇パーセントで全体の成果の八〇パーセントを上げているという法則です。

たとえば、一日一〇時間働いたとしたら、そのうちの八時間は全体の成果の二〇パーセントを上げ、残りの二時間で成果の八〇パーセントを上げているということになります。

この「パレートの法則」は、いろいろな分野にも当てはまります。

たとえば、営業マンが一〇〇人いた場合、トップ二〇人が全体の売上げの八〇パーセントを稼ぎ、残りの八〇人が売上げの二〇%を稼いでいることになります。

私たちは、二四時間を大切に生きようとしていながらも、いつのまにか八〇パーセ

パレートの法則（80対20の法則）

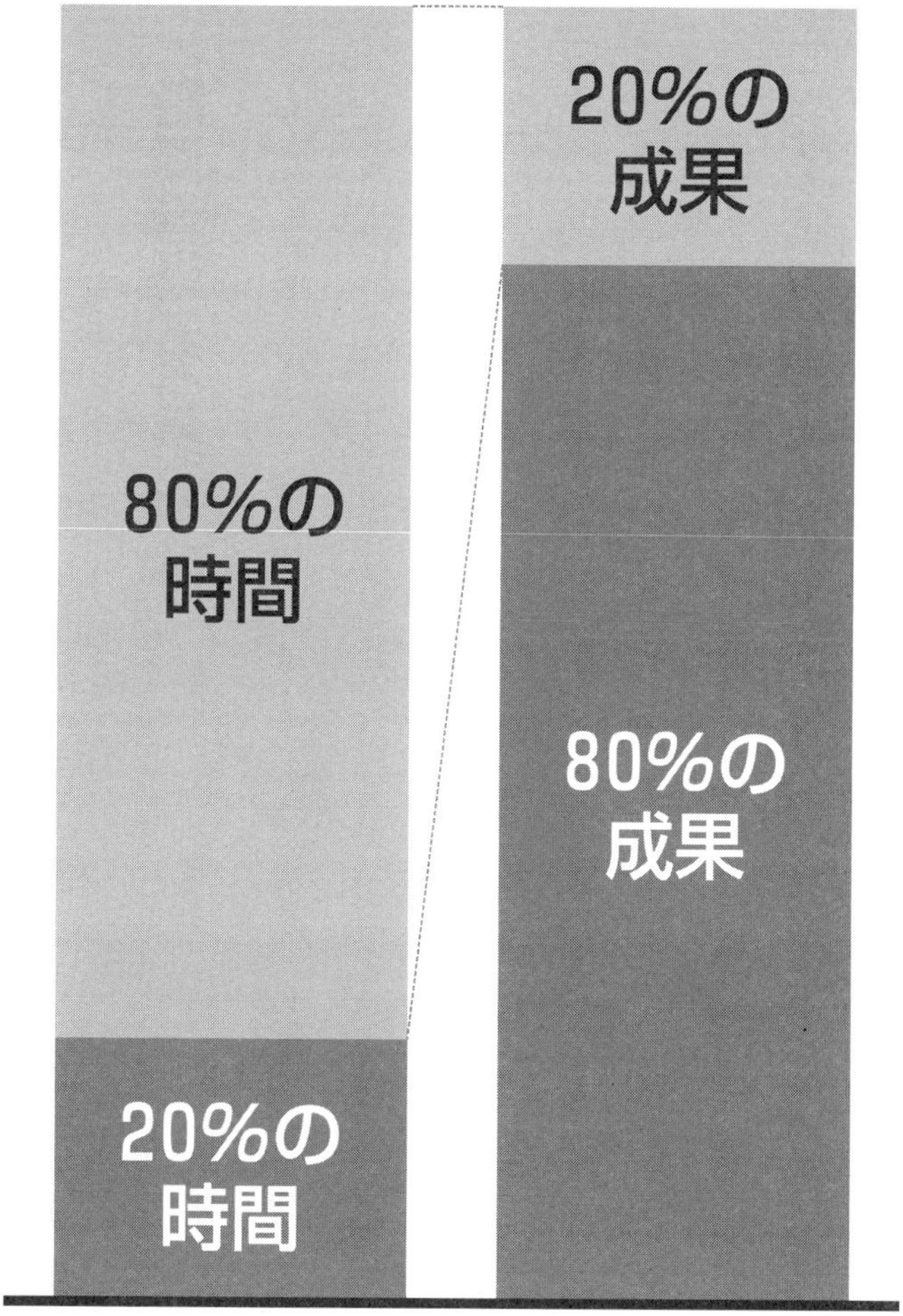

ントの時間をムダにしているのではないか、という法則です。

時間管理五つの基本

そこで、あなたの時間管理力が格段にアップする五つの方法・基本をお伝えしておきます。それは、次の五つです。

①プランとスケジュールの違い
②アベイラブル・タイムを知る
③ウェイティングリストの活用
④皿回しのアイデア
⑤「できる人」に学べ

では、一つずつ説明していきましょう

時間管理五つの基本①プランとスケジュールの違い

「できる人」はできるだけスケジュール化する！

多くの人は、プランとスケジュールをごちゃまぜに考えていますが、まずこの違いをしっかりつかみましょう。

「よし、来月の三日には三越の商品部長と会って、納品の打ち合わせをしよう。三カ月以内には今の三倍に取引量を増やすように作戦を立てていこう」

というように、これからのことを自分で計画して、企画していくことを〝プラン〟と呼びます。

つまり、自分の意志でかなりコントロールしていくことが可能なものです。

これに対してスケジュールは、自分だけではなかなか変えていけないものをいいます。

「本部長会議、毎週火曜の四時から五時半」

「毎週月曜九時から定例ミーティング」

というように、あらかじめ決められていて、多くの場合動かせないのがスケジュールになります。

では、子供の学校の時間割は？

そうです。「自分で変更できない」「動かせない」ものですから、スケジュールということになります。

大切なのは、あなた自身の仕事そのものを、できるだけ「スケジュール化」していくということです。

そうすれば、アレコレと迷うことなく、仕事そのものを効率的に進めていくことができます。


時間管理五つの基本②アベイラブル・タイムを知る

「できる人」はアベイラブル・タイムを有効に使う！

先の「スケジュール」でいうと、もう自分ではほとんど動かせない時間をブックド・タイム（Booked Time）といいます。

仮にある日のプランを手帳で見たとき

九時～一〇時　会議
一一時～一二時　広告の仕事
一三時～一三時半　商談
一六時～一七時　ミーティング

となった時に、これらは全てブックド・タイムです。

つまり、この時間に仮に他のレポートを書くとか、他のプレゼンの準備といっても、できないわけです。手帳にのっている事柄を実行している間は、あなたの時間ではなくなっています。

今の例なら、会議の終わった一〇時から一一時まで、商談のあとからミーティングまでの二時間半が、あなたの自由に決められる時間になります。

このようなスケジュールの入っていない、あなたの自由になる時間がアベイラブル・タイム（Available Time）となります。

つまり、「手帳にのっていない時間」こそ、あなたが有効に使える時間なのです。

＊今までの時間管理の盲点

あなたが「本当に自由になる時間」が、どれくらいあるかも知らなくてはなりません。

今までの手帳を使っていた人の盲点ともいえるのは、このアベイラブル・タイムが一日のうちどのくらいあるのかをつかんでいなかったのが大きな時間管理上の「ミス」の原因です。

つまり、時間ができてから「じゃあ、何をしようかな」という感じですから、後手後手に回るのです。

「時間」という天から平等に与えられた資源の中で最も大切ともいえるのが、このアベイラブル・タイム、「活用すべき余った時間」にあります。

この時に何をするのかは、あなたの判断で自由にできます。つまり、先の「プラン」を立てておくのです。

一日の仕事の終了時に、「翌日にやること、プラン」を書いておきましょう。

時間管理五つの基本③ウェイティングリストの活用

一日一時間の「すきま時間」は四五日分！

仕事にも「大きさ」というものがあります。仮に営業ならA社、B社、C社の三軒に営業するというのがその日の「大きな仕事」でしょう。

ところが、駅や空港での「待ち時間」というものがあります。今の例なら、A社とB社を移動する時間。もしくは、「すみませんね、今前の会議が長引いていて、一五分ほど残って下さい」といわれた時の一五分と、このような「すきま時間」「こま切れ時間」というのは、案外多くあるものです。

驚くことに、毎日合計で一時間のすきま時間があったとするなら、一年で単純に考えて、三六五時間もの時間になります。

八時間で割ってみると、何と四五日分にあたるのです。

これを活用しない手はないでしょう。

ただし、四五日分といっても、八時間ずつがまとまっているのではなくて、一〇分、一五分というようにコマ切れになっています。

小さな仕事をリストアップ

では、どのようにしたら、このコマ切れ時間が活用できるでしょうか？

それは、「やるべきことは書いておく」という鉄則にのっとって、あらかじめリストアップしておくのです。つまり、一五分以内にできる小さな仕事のリストを作っておくことです。

これをしっかりと「手帳に書く」ということによって、あなたの手帳は「あなただけ」のものとなります。

ポイントは、ファイルにする必要のないような、あまり時間のかからない内容にしぼりこんでリストに書いておくことです。

「あっ、中村さんにメールしなくちゃ」

「山本商店に電話だ」

「そうそう、ホテル予約も入れておかなくては」

というように、リストを見ながら、〝スタンバイ〟したものを次々に、書いておいて、スキマ時間ができたら実行していくのです。

飛行機のウェイティングリストと同じで、定員五〇〇名のジャンボ機も、五〇〇名の予約を受けるのではありません。五一〇名、五一五名と、定員以上のところでとっておいて、当日キャンセルの「空席」をなくすように進めます。

上手に使ったら、何と四五日分も人より多くの事を成していけます。ぜひ、ウェイティングリストで「時間の穴埋め」をしてみて下さい。

時間管理五つの基本④皿回しのアイデア

主役はあなた！

仮に、前日に優先順位をつけて仕事をしようとしたら、上司から呼び出されました。部長との話が終わり、さて仕事を始めようとしたら飛び込みのセールスです。断ろうとすると、友人の紹介でした。また、仕方なしに会います。

よし、今度こそと思ったらクレームの電話がなる…。

このように、自分でうまく仕事をしようとしていても、どうしても周囲にふり回されて、コントロールされてしまうようなことがあります。

他人からコントロールされてしまいますと、なかなか自分の時間というのがもてません。

マネージャーの仕事は「皿回し」に似ています。同時にいくつもの〝皿〟つまり仕事を回していくのがマネージャーの仕事です。

人事管理の皿を回して、人を採用し、うまく働いてもらいます。しかしこれだけ回していると、他の皿が落ちてしまいます。

同時に、財務の皿も回して、銀行から融資してもらい、財務状況も好転させなくてはなりません。製造も回します。

と同時に回しながら、人がやめたら再び人事に戻る…というように、常に全ての皿を上手に回し続けていくのです。

しかし、下手をすると自分がコントロールされかねませんので、自分が主役にならなくてはいけません。ここでは、バランスよく複数の仕事を「同時進行」させながらバランスよく回していくのが大切だということを覚えておいて下さい。

時間管理五つの基本⑤「できる人」に学べ

ピーター・ドラッカーの教え

自分が仕事にコントロールされてしまうような状況はどのように防げばいいでしょう。

一つは、時間の使い方のうまい人、つまり、すでに成功している人に学ぶことです。

ピーター・ドラッカーが、仕事を上手にすすめる三原則としてあげたのが、次の三つです。私はいつもこの言葉を思いながら仕事をしています。

①より速くすること
②よりよくすること
③今やるべきことをすること

また、ジャック・ウェルチは、一回の講演会が二〇〇〇万といいます。二時間講演するとして、時給一〇〇〇万円です。街のハンバーガーショップのバイトの時給は八〇〇円です。なんと、一万二五〇〇倍です。

ともかく、「すごい人」に学ぶ必要があります。

これからは、ダメな人、ヤル気のない人と付き合わず、成功している人と付き合ってください。ピーター・ドラッカーやジャック・ウェルチと付き合うことはできませんが、本を読むことはできます。本を読むのが面倒くさかったら、専門家の講演を聴きに行くのもいいでしょう。

自分よりはるかに成功している人、しかもまだ現役でバリバリやっている人に近づき、弟子にしてもらうことです。超多忙な人ほど学べます。

「できる人」はプランニングシートを活用する

時間管理においては「全体展望」ができることが非常に大切です。

そのためにもプランニングシートを活用しましょう。

それは「年」「月」「週」「日」が一日で見通せるものである必要があります。

また、「大目標」「中目標」「小目標」のように目標もはっきりと〝目に見える形〟にしておくことが望まれます。

全体展望ができていることによって、自分は今いくつの仕事をどのようにこなしているのかが、はっきりとするのです。

＊第一段階「長期プラン」

普段なかなか「二〇年先」「三〇年先」のことまで考えることはないでしょう。しかし全体展望を「時間軸」でしていくためにはこのような「長期プラン」は欠かせません。

第二章で紹介しました、人生の重要な分野での長いスパンでの目標を「仕事」の面に限定させて、数多く持ちましょう。

仮にセールスをしていたとして、二〇年後に営業部長になるとか、その間のステップとして一〇年以内に係長、一五年以内に課長というようなステップも考えられるでしょう。

自分流で構いません。
工夫して長期スパンで目標を立て、プランを考えておくのです。

＊第二段階「年間プラン」

長期プランのあとは、通常のビジネスでは最大の「年間プラン」を作成してみます。手帳の場合も年間が最大でしょう。

年間の目標に対して、達成するための手段、計画を立てて、ノルマを決めて、目安としては月に二～三くらいの予定にしぼりこんで書きこんでいくのです。

年間の目標を立てるにあたって、次の五つのポイントを外さないようにしましょう。

①最低限これだけは確保するという、課題を明確にする
②休暇、余暇の予定はあらかじめ入れる
③リポート期限、全国大会等のスケジュールは入れておく
④各目標分野に配分する回数を決める
⑤海外、長期の出張予定

これらを「年間プラン」の中であらかじめはっきりさせておくことにより、「ブックド・タイム」つまりスケジュールとして動かせない時間が〝年単位〟でつかめ、全体展望はより容易になります。

第三段階「月間プラン」

長期、年間、そして次は「月間」にまでおとしこんでプランニングします。

一般的には「月刊誌」や「月給」というように「月」はプランニングの基本単位といっていいでしょう。

仮に売上げなら「月」の売上げ、商品別、セールスマン別というように月単位でプランニングします。

月の場合は、年に比べたら、かなりアポイントを記入するような色合いが強くなります。

これもアベイラブル・タイムの発見を第一に、目標実現のための武器にします。

また、各月の目標設定や、時間配分は前の月末までに行なうことも忘れてはなりません。

＊第四段階「週間プラン」

週間は、かなり範囲も狭く身近なために、たとえば会議の出席メンバーのような細かな所までつかめるのが特徴でしょう。

また、場合によっては「備忘録」「ダイアリー」的に用いていくことも可能となります。この一週一四八時間の中で、やるべきこととそうでないことを明確に分けておく必要があります。

週間プランを立てるにあたっては、この「やるべきこと」と「そうでない事」を明らかにするために、優先順位のランク付けをすることをお勧めします。

私は仕事上、ABCの三ランクで分けることが最もいいと思い、採用しています。これよりも細かくしすぎますと、現実に行動にうつす時にかえって実行しにくくなりますし、コントロールしにくくなります。

ABCのランクづけの前にやることは、「その週間」にやるべきこと、やりたいことを全てリストアップしていくということです。
ランクづけの目安をあげておくので参考にして下さい。

・優先順位　Aランク「必ずその週にやらねばならないこと」

上司からの重要な指示、大型顧客からの依頼、要望、期限がその週のうちにあるもの、利益率が高い、緊急度の高い仕事等をリストアップします。

・優先順位　Bランク「中程度に重要な仕事」

デッドラインがないもの、不可欠ではないものの重要度は高いという目安でBランクにリストアップします。

・優先順位　Cランク「できればその週にしておきたいこと」

仮に中止したり、延期したとしても大きな影響のでないものです。

ABCのリストにもとづいて、あなたの仕事のペースや労力の配分を考えてプランニングするのです。

＊第五段階「デイリー・プラン」

日は最小単位ですが、時間管理の基本にあたります。

一日のプランニングがしっかりできていたなら三六五日で一年になり、全体展望を「日↓週↓月↓年」と眺めたり、逆に「年↓月↓週↓日」と方向を変えてとらえ直すのが可能になります。

ここでも、その一日でどの時間がスケジュールされたブックド・タイムなのか、どの時間が自由に使うことのできるアベイラブル・タイムなのかをしっかりとつかめ、「見てわかる」ようにしておく必要があります。

「時間泥棒」を排除しろ！

いくらいいプランニングシートを作ったとしても、それが実行できなければ意味はありません。実行できなかったのが自分のせいであればどうしようもありませんが、もし実行できない理由が自分以外にあったらどうでしょうか。

たとえば、長々と話し続けて、こちらが仕事に取り組もうとしてもなかなかスタートを切らせてくれない人。この場合、長々と他人におかまいなしに話し続ける人のことを「タイムスティーラー」、つまり「時間泥棒」といいます。

そう、「時間泥棒」をどうにかしなければ、あなたの仕事や人生はうまくいきません。

もちろん、「時間泥棒」は人に限りません。

いつ終わるかわからない長々と続く「会議」もそうですし、予告なしのお客や、上司がやってきて長々と話しかけていくのも、これもまた失礼ではありますが、時間泥棒と呼びます。

自分で「時間泥棒」を作ってる！

さらに恐ろしいことに、これは他人や他からのものばかりでなく、

「ノーといえずに多くの仕事を引き受けてしまう」とか

「机の上の整理が悪くて、探し物をする」

というように、自分で生み出している時間泥棒というのもあるのです。

結論からいいますと、これらの時間泥棒を排除するということが、あなたの時間を生み出してくれるのです。

もちろん、あなたの生き方、物の考え方といった根本にせまるテーマにもなります。

主な「時間泥棒」を次ページにあげてみます。

「時間泥棒」を排除する一五の対策

実は、私たちはほとんど「時間泥棒」の中で仕事をしているといってもいいくらいでしょう。

そこで、どのように対処していったらいいかのヒントを述べます。

結果、自分の勇気と自信によって一つ一つ行動していけば、必ずあなたの時間は自由になるものです。

①毎日のルーティンワークを決める

定例会議やメールの処理、秘書との打ち合わせ、ごきげんうかがいの電話、という

郵便はがき

料金受取人払

牛込局承認

3051

差出有効期限
平成20年5月
31日まで

162-8790

東京都新宿区揚場町2-18
白宝ビル5F

フォレスト出版株式会社
愛読者カード係

フリガナ お名前	年齢　　歳 性別（男・女）
ご住所　〒 ☎（　　）　FAX（　　）	
ご職業	役職
ご勤務先または学校名	
Eメールアドレス メールによる新刊案内をお送り致します。ご希望されない場合は空欄のままで結構です。	

フォレスト出版の情報はhttp://www.forestpub.co.jpまで!

フォレスト出版　愛読者カード

ご購読ありがとうございます。今後の出版物の資料とさせていただきますので、下記の設問にお答えください。ご協力をお願い申し上げます。

●ご購入図書名　「　　　　　　　　　　　　　　　」

●お買い上げ書店名「　　　　　　　　　　　　　」書店

●お買い求めの動機は？

1．著者が好きだから　　2．タイトルが気に入って
3．装丁がよかったから　　4．人にすすめられて
5．新聞・雑誌の広告で（掲載紙誌名　　　　　　　　　）
6．その他（　　　　　　　　　　　　　　　　　　　　）

●ご購読されている新聞・雑誌は？

（　　　　　　　　　　　　　　　　　　　　　　　　　）

●お読みになりたい著者、テーマ等を具体的にお聞かせください。

（　　　　　　　　　　　　　　　　　　　　　　　　　）

●本書についてのご意見・ご感想をお聞かせください。

●ご意見・ご感想を当社ホームページに掲載させていただいてもよろしいでしょうか？

□YES　　□NO　　□匿名であればYES

時間泥棒

①会議に関するもの

a 目的が不明瞭
b 数が多すぎる
c 特に必要がないのに出る
d ダラダラした会議
e ムダで見当外れの議論
f 結論の出ない会議
g フォローされない
h 時間どおりに始まらない
i 議長が下手
j 会議中の客、電話
k 終る時間が決まっていない

②電話に関する時間泥棒

a 雑談ばかりの長電話
b 相手の話をやめさせられない
c 計画性なく電話する
d 的ハズレ、思いつき

③責任、権限の委譲についてのもの

a 他人に任せられない
b 自分でやらないと気がすまない
c 誤まった指示
d 表面だけ権限委譲
e 部下がよい仕事をする不安
f 細かい仕事まで関与したがる
g 自分でやった方が早いと思いこむ
h 残務記述書の不明確
i 上司の優柔不断
j 仕事のオーバーラップ（重なり）

④優先順位の欠如

a プランニングの不足
b 全体展望の不足
c 出たとこ勝負によるやり直し
d 自己管理の甘さ

⑤コミュニケーション不足によるもの

a 人の話を聞かない
b 情報を要求する勇気のなさ
c タイミングの悪さ
d オーバーコミュニケーションによるムダ
e メール等、読む気のなさ
f 決断が遅いこと

ような日常のルーティンワークをする時間は、あらかじめ決めておくことです。

たとえば出社して三〇分は、頭の働き出すまで机の整理をしたり、リストをチェックしたり、ルーティンなことにあてててしまうのです。

思いつきで何かしていますと、それは時間泥棒となってしまいがちです。

＊②早起きの習慣をつける

だいたい、大脳がフル活動するのは、起床後五時間といわれています。ギリギリまで寝床にいたのでは、頭の働くのは午後からということにもなりかねません。

私など休日だけでなく、体調や気分によっては、四時起きして、目の前が海ですから、サーフィンで一泳ぎして会社へ行くことがあります。すると、九時にはもうバリバリと仕事ができます。

つまり、自分の一番ピークに能力の出せる時間にいい仕事ができるように、組んでおくわけです。

午前中のうちに優先順位の高い仕事をこなしてしまう、自分の体調や能力の発揮できる時間に大事な仕事を行なうことも忘れないことです。

③期限を設ける

本書の中でも再三述べていますが、どんな小さな仕事であっても全ての仕事に期限をつけるというのは、生産性を高めるためのいい方法となります。

期限がありますと、人はそこに向かって努力を傾けて、集中できるからです。棒高跳びのバーといっしょで、ただ「高く跳んでくれ」といってもなかなかジャンプできません。

目標や期限がありますと、何とかやり遂げられます。

フランスの皇帝ナポレオンが、副官に仕事を任せようとすると、「わかりました、手のあいている者にやらせます」といったら、「手のあいた者でなく、一番忙しい者に任せなさい」といった有名な話があります。

忙しくて有能な人は、優先順位づけもうまく、時間管理ができているからが理由でした。

＊④やりたくないことを先へ延ばすな

重要で大きな仕事は「そのうちまとまった時間にやろう」といって、後回しにする傾向があります。大きな仕事は、資料の準備とか情報収集のように地味で面倒なことが多いので先延ばしになりがちです。

ところが、重要な仕事をしないでいると、とても気になります。その結果、イライラしてストレスが高まります。

しなくてはいけないのなら、先延ばしにせずにすぐやりましょう。重要でイヤな仕事をやっつければ楽になり、ストレスもなくなります。

＊⑤「好楽円」の仕事をあとにする

「好楽円」の仕事とは、好きな仕事、楽な仕事、円滑にできる仕事のことです。人はともすると、「好楽円」の仕事を先にやりがちです。

これは、やりたいとかやりたくないといったメンタルな基準ではなくて、本当にあなた自身にとって重要なのかどうか、というのを尺度にして、重要なものなら有無をいわさずに先。

そうでない「重要でない」つまり「好楽円」の仕事と判断したなら、先に延ばして、というより後回しでいいのです。

⑥障害物を分析し、取り除く

飛び込みのセールスや、同僚とのおしゃべりに「ノー」といえないのなら、時間を奪われないようなしくみをあらかじめつくって、時間泥棒の排除を考えましょう。

外来のセールスに会う時間を決めるとか、他の同僚や秘書に一〇分たったら「次の会議です」といいに来てもらうとか、協力者を作っておくのでもいいでしょう。

⑦アイデアは一カ所にまとめる

仮に仕事上のアイデアが浮かんでも、そのまま思いついただけでは忘れてしまうものです。

通勤途中に思い浮かんでも、そのままにしておくと会社に着く頃には忘れてしまいます。ボイスレコーダーもいいですし、携帯電話のメモ機能もいいでしょう。

あるいは、アイデアだけをまとめたメモ帳や、自分の手帳のように「決めた場所」にまとめて書いておくことをお勧めします。

考えたことを書いておく習慣をつけることによって、忘れることによるイライラを防ぎ、アイデアの整理にもなります。

⑧書類、本、仕事は途中でやめないこと

本を読んでいて途中でやめて、再び読み直す時にあと戻りしたことはありませんか？

これは、仕事や、他の書類でも同じです。

区切りのいい所まで進めておかないと、再び手をつける時に「あと戻り」するのが時間泥棒になってしまいます。

仕事もなるべく、そのときそのときで完了させるのです。前後の脈絡を忘れるとか、全体展望できなかったりで、二度手間になってしまうといったムダは防ぎましょう。

✻ ⑨計画的に休み時間を定める

先に、プランニングの中で「休けい」の時間を決めておきます。

そうすることで、「期限」をつけた仕事と同じで「三時になったらコーヒーを飲むぞ」「一一時までやったら休めるんだ」とメリハリをつけて仕事にとりくめます。

ちなみに、集中力の高め方からいきますと、学習効果理論では、三時間やって三〇分まとめて休むよりも、一時間たったら五分、一〇分とコマメに休みを入れた方がいいのです。

休けいもプランニングしておきましょう。

✻ ⑩仕事の分担を同僚や部下と話し合い〝任せる〟こと

部下のいる方なら、「任せるべき仕事のリスト」を作成することをお勧めします。

あなたがどんなに優秀であっても一人で全ての業務をこなすことはできないものです。

私も、若い時から「全てを一人でやろう」とする傾向がありました。しかし、「人を使う」「人に任せる」という発想ができて、リスト化していくことでモレやダブリが防げ、しかも部下の能力が伸びることもあり、今では極力〝任せる〟よう心がけています。

＊ ⑪ノーといえるようにする

理由をはっきりいって「ノー」といったなら、かなりの時間泥棒が防げます。

「すみません、三時までに急ぎのレポートがあるのでその件でしたら三時以降に取りかかれます」

「来週の会議に欠かせない下調べ中」

「部長から頼まれていて」

といった理由を示した上で、同僚の長話などの時間泥棒を避けます。

「コミュニケーションをとる」という目的をわかった上で、具体的に日時を示して話しあうことにしましょう。

⑫仕事を家へ持ち帰らないこと

私も何回も、家に仕事を持ち帰ったものの、一回も見ないでそのまま翌日社へ持って行くということはありました。

特殊なケースを除いては、「家へ仕事を持ち帰らない」ほうがいいようです。

むしろ、多少時間をかけても、会社で仕事の区切りのいいところまで行なってしまう方が、はるかに効率的なのです。

仕事とプライベートでのメリハリをつける上でも、忘れないことです。

⑬完全主義者にならないこと

何でもかんでもたとえどうでもいいことでも、一〇〇パーセントにしないと気のすまない人がいます。しかし、アメリカのデータではこのような完全主義者を「A型タイプ」と呼んでいて、ストレス性の特に「心臓」を患う率がはるかに他のタイプの人より高いのがわかっています。

むしろ、八〇点くらいで「良し」として、ポイントをおさえた仕事をしましょう。

必要なことだけやって、あとは「オマケ」くらいにリラックスすることも必要です。

⑭目標、課題は実行可能なものとする

ストレス、イライラというのは、何かを「達成できなかった時」に生じるものです。

「あれができなかった」

「あれは残念」

ということを思い出し、できなかった原因を思い悩むのはよくありません。

このようなことを防ぐことは、「悩む」という時間泥棒を防ぐのには欠かせないことです。

毎日の仕事は「達成可能なものにする」ことによって「この仕事は無事におわった」「これもできた」と自信も深まります。また、達成感があなたの疲れを吹きとばし、新しい仕事にチャレンジできます。

⑮考えてから行動する

何も考えずに行き当たりばったりに仕事をしますと、「やり直す」ことになります。

これは大きな時間のムダです。とにかく、できるところから始めようというやり方を避けるべきです。

二度手間、三度手間は、よく考えてから行動すること、プランニングを十分にしたあとで行動することによって防げます。

もちろん、目標も手順も明らかな場合にはすぐ行動することもありますが、極力「考えてから」仕事にとりくみましょう。

まとめ

- 「八〇対二〇の法則」で考えよう
- 「時間管理」の五つの基本
- アベイラブル・タイムを大切にしよう
- 小さな仕事を持ち歩こう
- プランニングシートを活用しよう
- 「時間泥棒」を排除しよう

Chapter 5 ●第5章

トップ3%はどのように仕事をこなすのか？「できる人」の仕事術

いくら「目標管理」「プロセス管理」「時間管理」ができても、実際の「行動管理」がうまくできなければ意味がありません。また、その行動も効率良く行なうべきです。そこで、この章では「できる人」になるための仕事術を紹介します。

大きな目標を達成する「エレファント・テクニック」

「英語をマスターしよう」「来年の一〇月にTOEIC八〇〇点を取ろう」という具体的で大きな目標に期限を設定して、忘れないように紙に書き、壁にはっておいたとします。

立派な目標ができたわけですが、これだけでは「絵に描いたもち」です。

そこで、このような大きな目標を達成する秘訣をお教えします。

それは、「エレファント・テクニック」です。

私の時間管理のセミナーにおけるもっとも重要なコンセプトであり、受講生からも「役に立った」と評価していただいているテクニックです。

「エレファント・テクニック」とは、大きな目標を分断して考えるテクニックです。

大きな象も遠くにいれば、小さく見えます。私たちは小さく見える獲物を甘く見ます。

「なんだ、あんなに小さいのか。その気になれば、ペロリと食えるな」

と思ってしまいます。

これは目標も同じです。

「来年の一〇月にTOEIC八〇〇点を取ろう。一年もあるから大丈夫だろう」

この場合、TOEIC八〇〇点が象にあたるわけです。でも、一年後という遠くにあるから小さく見えるのです。

そのため、あと一年もあるから明日から頑張ればどうにかなるだろうとタカをくくってサボってしまうのです。

しかし、一年なんてあっという間です。気がついたら、来年の一〇月が目の前にやってきて、あせって勉強しても不合格になるわけです。

そして、どうなるでしょうか。あなたはイライラし、ストレスが溜まります。

ストレスが溜まれば、人生なんて楽しくありませんし、早死にの原因にもなりかねません。

＊大きな目標は分断せよ！

早死にしては、たまったものではありません。

そこで、大きな象（目標）をたいらげる方法を教えます。

大きな目標である象は、遠くにあれば小さく見えます。それをいっぺんに食べることはできません。

ですから、それをいっぺんに食べようとせずに、象のステーキを今日は二〇〇グラム食べようとします。明日も二〇〇グラム食べます。毎日食べ続けます。

そうすると、一年間で小象一匹を食べることができてしまうのです。

これを「エレファント・テクニック」といいます。

これが大きな目標を達成するコツです。つまり、

「大きな目標は分断せよ」

ということです。

たとえば、二四〇〇個の英単語を「エレファント・テクニック」を使って覚えるとします。そうすると、一日で約七個覚えればいいことになります。

一日七個なら、電車の中で覚えられます。つまり、二四〇〇という大きな目標も、一日七個という目標に分断してしまうわけです。

難しい目標は「セブン・ステップ法」

残念ながら、前述した「エレファント・テクニック」も万能ではありません。コツコツやっていけば達成できる目標なら「エレファント・テクニック」で達成できますが、世の中にはコツコツやっても達成できないものも多くあります。

たとえば、「いい人と結婚したい」「アガリ症をなおしたい」といった目標はコツコツやってもしょうがないでしょう。

このような「質的な目標」を達成するには「セブン・ステップ法」が有効です。

「セブン・ステップ法」とは、自分がラクラクできるストレスレベルの目標を達成し、少しずつ目標を上げていくという方法です。

私が趣味でやっているボディービルでも、その方法を使います。

最初は四〇キロのバーベルが三回しか上がりません。それが、毎日やることによって、四回、五回、六回と上がるようになっていきます。

そして、一〇回まで上がったら、今度は四五キロにウェートを上げます。最初は三、四回しか上がりませんが、だんだん一〇回上がるようになってきます。もちろん、こうやって、どんどん目標を上げていくのです。

＊常に自分のやれる範囲の目標を持て！

それでは、具体的な「セブン・ステップ法」の活用法をみていきます。

たとえば、ある人と結婚したいと思ったら、次のように「セブン・ステップ法」を実施します。

ステップ① デートをする
ステップ② 遠出をする
ステップ③ 手をにぎる。キスをする
ステップ④ 両親に紹介してもらう
ステップ⑤ こちらの両親に紹介する

ステップ⑥　婚約する
ステップ⑦　結婚

このように目標をやさしい順に並べるのです。

必要なのは、常に自分のできる範囲の目標をもつことです。実現不可能な目標をもってしまうと、「私にはできない」という否定思考が起き、必ず失敗します。

ですから、「セブン・ステップ法」で、目標を少しずつ上げていくことが重要なのです。

「ユー・ストレス」理論

ストレスというと、「イライラする」「ドキドキする」というように、あまりいいイメージはありません。しかし、ストレスそのものは悪いだけでなく、うまく使えばよく働くものなのです。

ストレス理論には、「ユー・ストレス」と「ディ・ストレス」の二つがあります。

私は、それを「輪投げ理論」と呼んでいます。

「輪投げ理論」とは、たとえば、輪投げの的を三〇メートル離れたところにおいて投げたとします。おそらく一〇発投げても一個も入らないでしょう。そうかといって、目の前の五〇センチのところに的を置いたのでは、百発百中でおもしろくありません。三メートル離れたところに的を置けば、そこに向かって輪を入れるように努力すれば、一〇発のうち三、四発は入るでしょう。そうすれば、今度は五発入れよう、六発入れようと頑張るわけです。

大切なのは、「ちょうどいいところに目標を設定する」ことです。

目標は難しすぎてもダメだし、やさしすぎてもヤル気が起きません。ヤル気が起きるのは、「ちょうどいい緊張感」と「やりがいのある状況」においてです。

まったく緊張感がない状態では、パフォーマンスは上がりません。これを「ディ・ストレス」または「ノー・ストレス」の状態といいます。

そうかといって、的が三〇メートルも離れているような場合は、「エクセス・ストレス（過剰ストレス）」となり、イライラが起こります。

もっともパフォーマンスが上がるのが、自分に最適なストレスレベルにあるときです。これを「ユー・ストレス」といいます。

この状態にあるときに、私たちの能力は最大に発揮され、ヤル気が出て、注意力、集中力、熱意も高まりチャレンジする勇気も出てきます。

ちょうどいいストレスとは？

「ストレスは過小であっても、過大であってもいけない。最適なストレス、つまりユー・ストレスが人間的成長と成功をもたらす」

これは、ミシガン大学のユウジン・ジェニングス教授の理論です。

読者の方はおわかりだと思いますが、この理論を応用したのが前述の「セブン・ステップ法」です。

ストレスゼロの状態を「ステップ①」として、徐々にストレスレベルを上げ、「ステップ②」「ステップ③」に移行させることによって、その人の能力、適応力を引き伸ばすことになるのです。

徐々にストレスレベルを上げちょうどいい目標を達成していくという方法は、いろいろと応用が効くので、ぜひ実践してみてください。

意外といい結果を出す「直前シンドローム」

私たちは、何か大事な仕事がある場合、締め切り間際までやらないで、最後に時間に追われてやっつけてしまうことがあります。

しかも、締め切りに追われて大急ぎで仕事をした場合、意外にいい仕事ができることがあります。

これを私は「直前シンドローム」と呼んでいます。

私は仕事の関係上、新幹線や飛行機で移動することが多いのですが、ある日、秘書が、

「先生、今日、三時の新幹線で大阪へ行ってください」

と切符を渡しつつ、

「その前に、例の○○出版から頼まれた原稿を書いておいてください。じつは今日が締め切りなんです」

といわれたことがありました。

「えっ、三時の新幹線だったら、あと二時間しかないじゃない」

「ええ。でも、編集長から今日中に出さないと雑誌に穴があいてしまうので必ず出せといわれているんです」

「そう、それで何枚書くの? 二〇枚? 二時間で?」

「なんとかお願いします」

そして、私は死に物狂いで書きます。そうすると、できてしまうのです。

一日、二日かけて二〇枚の原稿を書こうと思っても書けないこともあれば、二時間で二〇枚書くことも可能なのです。

人間は集中すれば、相当の力を発揮できるのです。

目標は「エレファント・テクニック」で細分化し、それに期限を設けます。そうすると、いつも締め切り間際となり、死に物狂いで頑張ります。そして、いい結果が出る。

これを「直前シンドローム」といっています。

モーツァルトやロッシーニのような有名な作曲家も、オペラの序曲などを、いつも開演直前まで、わざと作曲しなかったそうです。直前に頑張るとかえっていい曲ができたといいます。

三日坊主にならない！「ステップ・イン・テクニック」

目標を設定し、「エレファント・テクニック」で目標を分断しても、毎日継続していくのは難しいのが現実です。

多くの人が三日坊主で終わりがちだからです。

ですから、継続する力をつけるために有効な方法を紹介しましょう。

前にも触れましたが、アメリカの心理学者ズーニンは、

「物事は最初の四分間、初動の四分が決め手である」

といっています。

これは、何かをやろうとはじめるときに、最初の四分間で軌道に乗せると、あとは楽になりますが、最初の四分間で失敗したときは、その日はその後全てダメになってしまうというものです。

これを目標達成に応用したのが「ステップ・イン・テクニック」です。

何かをはじめるとき、人には必ず躊躇《ちゅうちょ》があります。しかし、何とか最初の四分間だけはじめるクセをつけるのが「ステップ・イン・テクニック」なのです。

たとえば、私にとって嫌だけれども重要な仕事は原稿を書くことです。毎日、講演や研修をやっていると肉体的にもかなり疲れます。原稿書きは、けっこう面倒くさいので、あと回しにしてしまいがちです。

エレファント・テクニックでは、今日、本当は原稿を一〇枚書く予定だった。けれども、まったく気が進まない。早く寝ちゃえと思うことがあります。

人間ですから当然あり得ることですが、このようなときに「ステップ・イン・テクニック」を使うのです。

「今日は眠いから原稿を一枚だけ、それも四分間だけ書こう、それから寝よう」と思って机に向かい、四分間だけ原稿を書くつもりで三、四行書いて四分たつと、少し調子が出てきて、どうせなら一枚書いてしまおうとなり、その原稿を最後まで書いてしまいます。

最後までいくとしめたものです。調子が出てきて、結局、一〇枚書けてしまうのです。

このように、はじめる前は人間は迷うものですが、はじめてしまえば必ず調子が出ます。ともかく、最初の四分間はじめてみることが大切なのです。それを「ステップ・イン・テクニック」と呼んでいます。

「テープレコーダーの理論」

ユダヤの格言に、「耳と耳の間に最大の資産がある」というのもあります。つまり、「頭脳」こそが、私たちが天から授かった最も大きな資産だというのです。

右脳、左脳の理論は今では知られますが、あまり知られていないものに「テープレコーダーの理論」があります。これは、ぜひ仕事に活用していきたいものの一つです。

元は、エリックバーンの交流分析にもとづくものです。

これは、私たちの体験、経験したことは、「必ず脳に残る」というものです。

そして、一つ小さなことでも「スイッチ」が入ると、つまり何かのきっかけでそれがテープのように回り出すというのです。

今三〇歳の人は三〇年分の、四〇歳の人は四〇年分のテープが脳に記録されているのです。

私は幼ない時、土浦にいた祖母に育てられました。もう何十年も前なのに、私はナフタリンのにおいをかぐと、この祖母の家のタンス、さらに祖母の口ぶりや仕草をパッと想い出すのです。

「忠昭、この着物を着てごらんなさい。大きくなったわね。お正月にはこれを着なさい」とナフタリンのにおいと共に、そのタンスから出した着物、おばあちゃんのテープが回り出します。

このように、私たちは体験、経験したことを頭の中に入れています。

仕事も同じです。常に「きっかけ」「スイッチ」を回るようにしておけば、どんな時にもパッとすぐに仕事にかかれます。

それには、「何でもメモにとる」ことを習慣化してください。メモを取ることにより、今考えたこと、今聞いたことを忘れることができます。

覚える必要がないので、ストレスがかかりません。頭をカラッポにして、今やっていることに集中できます。メモを見ることにより、即座に思い出すことができます。

つまり、このメモが「スイッチ」になるわけです。

私は大型の手帳に何でもかんでも書いておいて、見るたびに行動のきっかけにしています。

「一時一事の法則」でできる

まだやったことのない仕事や難作業を行なう場合のルールがあります。それは、一時一事の法則と呼ばれるものです。

先の祖母の例で想い出しますのは、私がまだ五、六才の頃のことです。

私の浴衣をぬっていてくれた祖母に私が話かけていました。ところが、それまではニコニコして私の話を聞いていた祖母が急にだまりました。「おばあちゃん、何やっているの？」「おまえ黙ってろ！」といって、恐い顔をして、針に糸を通し始めたのです。

そして、糸が通ったあとに、またニコニコして「お前も小学校二年だからねえ」というのでした。

さすがのおばあちゃんも針に糸を通すような難しい仕事、慣れない仕事をするには一時に一事しかできないのです。また、やるべきではありません。

仕事の進め方でも、特にやり慣れないことや、初めてのプロジェクトなど慎重さを要する時には、決して「ながら式」に仕事をしてはなりません。

また、一つに一つの事をするというのは、「集中力」が高まるので、〝達人〟のエピソードが多くのこっています。

時計を卵と間違えてゆでてしまったエジソンも、友人がいたずらに本の山で囲んでも、まったく気付かなかったキュリー夫人も、一時一事で集中していたのです。無我夢中という言葉があるように、全てを忘れて一つのことに集中しているときに、すばらしい仕事ができるものです。

常に一つの仕事に意識を集中させる時、一時一事の法則を想い出しましょう。

「一時十事の法則」で効率的に

ルーティンワークは、何も集中してそれだけに向かわなくてもできます。

ベル・テレホン研究所で電話番号のケタ数を調べますと、一〇個以上になると記憶が正確でなくなるのがわかりました。

仕事も同じで、手慣れたことでもコントロールできるのは「一〇」がマジックナンバーなようです。

車のダッシュボードも、飛行機のコックピットも、複雑なように見えたとしても、グループ化されて「一〇以内」におさえられているものです。

ドライブも、慣れるまでは一時一事で、アクセル、ブレーキ、ハンドルと、一つに気をとられると他がおろそかになるのは体験されたことでしょう。

ところが、慣れたら片手で、ラジオに耳を傾けながら友人と会話して、などと同時にいくつものことができています。無意識にハンドルやアクセルも操作しているでしょう。

慣れないこと、初めての仕事は「一時一事」で。慣れたこと、ルーティンワークは「一時十事」で。

不可欠な潜在意識の活用

「潜在意識」の活用も、「できる」仕事をするのには欠かせません。

人は意識していなくても、何かを行なっていることがあるからです。

たとえば、本を読んでいて、隣から子供の泣き声がしてきました。「誰かなあ、二番目の子供かな」などと半ば考えていても、目だけで本の文字を追っているようなことがあります。ハッと気がついて、もう一度前のページへ戻って読み直します。

あるいは、メールを読みながら、他の企画のことをぼんやり考えたり、外出する際に、はっきりした記憶はないのに、ちゃんとガスの元栓はしめていたり、電気を消していたりするようなことがあります。

このように無意識に何かを行なえるのは、私たちの〝潜在意識〟のおかげです。誰も、一つ一つ、「次はどの道だったっけ」などと考えなくても、通勤しているのもこの意識のおかげです。

有名なノーベル賞クラスの発見にしても、研究室で頭をひねっていても何も出てこなかったのに、バスのステップに足をかけた瞬間に「そうだ！」とひらめくのも、このような潜在意識の働きです。

つまり、仕事上の難問があったとしても、ムリしてがんばっている時だけでなく、しっかりインプットさえしておいたなら、必ず頭の中で潜在意識が働いて、やがてはインスピレーションが湧くようになっているのです。

具体的な目標をもって、その上で仕事にとり組みます。それも、仕事に入る前に、強く鮮明に目標を「意識」に叩きこんでおくのです。

＊潜在意識は二四時間フル稼働

すると、会社に行ってから「さて、今日は何をしようかな？」などということは、まったくなくなります。

「よし、これをやろう」「こっちもやってみるか」と次々にアイデアが湧くようになります。

潜在意識は二四時間フル活動してくれていますから、必ず寝る前にも「あしたはこれとこれをやる」と命令しておくのです。

すると、翌朝パッパッとアイデアが湧いてくることがあります。

有名なコナン・ドイルがシャーロックホームズを書く時にも、スティーブンソンが「宝島」を書いた時も、自分（意識）でなくて、スラスラとアイデアが湧いてきたのだということが、書き残されています。これも、潜在意識の力に他なりません。

これは、別のいい方をしますと、「頭の中にしみこませる」ようなものです。

仮にですが、

「来年の一〇月一日までにベンツS五〇〇を買う」

と目標を立てたとしましょう。

もちろん、モケジフォにのっとって、細かく計画を立て実行していきます。

しかし、そこに潜在意識、イメージの力をくみこんでいくと、もっと早く実現していくのです。

キーを渡されて、自分が乗りこみ、隣には妻、後部座席には子供が乗っている。鎌倉の自宅から湘南遊歩道を通って小田原から箱根へ行く。

箱根は一〇月で紅葉です。モミジが色づく山々を見ながら、新車のにおいのするブルーのS五〇〇を気分よく運転しています。

さらに、「会話」ももりこみますと、よりリアルなイメージになります。

「ベンツってパワーあるねスゴイや」

「やっぱり買って良かった、乗り心地が違うわ」

という家内や子供との会話。

このイメージを常に描いていますと、「よし、今日も一日、ベンツを手にするためにガンバル」

というイメージと共に、仕事にはずみもつくわけです。

「よし、何とか今月の売上目標、五〇〇〇万は達成するぞ！」と、潜在意識に叩きこまれたことを実現させようと、あなたの行動そのものが変わってくるのです。

オィディプス効果の力

オィディプスというのは、ギリシア神話の中の人物で、「お前は将来、必ず自分の父親を殺す」といわれた人物です。

そんなはずはないと思ったものの、やがて二〇年後に、実際に自分の父を殺してしまうという話です。

つまり、予言すればその通りになる、人は信じた通りの人生を歩むというのです。

これは、学習心理学でもよく知られたことです。

学生をグループに分けて、先生達に「このグループは将来期待できて、成績もいいグループです」「こちらは、あまりできもよくなくて、期待できないグループです」と伝えて、一年間授業をさせました。

すると、「期待できる」と先生達に伝えたグループは、先生もそのように接していき、生徒の学力もグングンと伸びました。

一方「できが悪い、期待できない」と先生に伝えたグループは、本当にできが悪くなってしまいました。

＊「私はできる」と信じると…

ところが、実際にはこのグループは無作為に分けたもので、先生達にはニセのことを伝えたのです。いかに、「期待してコミュニケーションをとる」と人は育つのか、逆に期待しないで接したら育たないのかという「信じる」力の例でしょう。

この子達は伸びる、と期待したら、励ましますし、力づけもしていくでしょう。逆ならたとえできても「マグレだろ」「どうってことない」といい加減な接し方しかできないでしょう。

私たちは、もちろん他人に対しても、このプロジェクトはうまくいくし、能力は出せる人ばかりだ、と信じなくてはなりません。

また、それ以上に、自分自身に対して「私はできる」と信じましょう。

ベン・スイートランドという人の本の中に、信じることでビジネスに成功した人の話があります。

「スイートランドさん、私はもう行き詰まりました、ダメです」

という男に対して、スイートランド氏は、外を指差して、ビルの屋上の広告を示しました。

そこには、ちょうどビルとビルの陰になって「I」という字と「CAN」という字が見えたのです。

「何ですか?」

「よく見て下さい」

「I……CAN、I CAN…、I CAN」

「そうです。あなたはできるんですよ。I CAN」

それだけのアドバイスで、そうか私はダメじゃなかった、やればできるんだ、と男が納得して、ビジネスが再建されたという話があります。

信念がある人には成功がやってきます。今まで大成功を遂げた「できる人」の中で俺はダメだ、ムリだ、と思って成功した人など一人もいません。

「私はできる！」と信じる人が、大きな成功を手にできます。あなたも、「私はできる」という強い信念をもって、仕事にとりくみましょう。

居は気を映す

仕事の成果を出す上で、忘れてはならないのは「場づくり」、環境を考えるということです。

昔、私が受験勉強していた時に、父が私の部屋に入っていったことがあります。

「この部屋は何だ、汚ないなあ。いいか、忠昭『居は気を映す』というんだ。お前の乱れた心が、そのままこの部屋に映されるんだ」

というのです。

「そして、『居は気を移す』ともいうんだ。きれいにしたなら、お前の気持ちもきちんとするから、早く片づけなさい」

ともいわれました。

居は気を映す。

居は気を移す。

私の記憶にのこる言葉です。

どうですか。休日に起きたままゴロゴロしているのと、シャワーを浴びてヒゲをそり、身だしなみを整えるのと、心構えが違いませんか?

これも「居は気を移す」というのと同じで、外側から自分の気持ちをシャンとさせる効果があるものです。

まずは、仕事場の環境を整えていくことから心がけて下さい。

よく、机の上が乱れている人がいます。書類は山積み、どこに何があるのか、他の人にはまったくわからないような人です。

そんな人は、「乱れていた方がはかどるんだよ」などというのですが本当でしょうか？

乱れて、整理されていなくてもはかどるなら、キチンと整理したなら、必ずもっと生産性は高まり、「できる人」になれます。

「居は気を映す」ことを忘れないで下さい。

これだけリストを作る！

アメリカのベツレヘム・スチールという会社の社長の有名な時間管理システムを紹介しましょう。

その会社の社長が忙しすぎて自分の時間管理がうまくできないので、アイビー・リーという有名な経営コンサルタントに、

「どうすれば、うまく管理できて、仕事の効率を上げることができるか教えてほしい」と、お願いしました。

アイビー・リーは、

「よろしい。その仕事を引き受けましょう。ただし、私への謝礼は高いですよ」

といいましたが、

「はい、結構です」

ということで社長はアイビー・リーに依頼しました。

まもなく、アイビー・リーから社長あてに「あなたの仕事に関するリコメンデーション」と書いた手紙が届きました。

しかし、その手紙は、たった四行しか書いてなかったのです。

「これからの時間および仕事の管理法」として、

①夜寝る前に、次の日にやることをいろいろ思い起こせ
②それに優先順位をつけて紙に書け。六つくらいでいい
③翌日、その紙を背広のポケットに入れて出社せよ
④会社に着いたら、紙に書いたとおり一番から実行していけ

とだけ書いてあり、二万ドルの請求書がついてきました。

社長はびっくりして、「たった四行のこんな手紙に二万ドルも取るのか」と文句をいったそうです。しかし、約束だから仕方ないということで二万ドル払ったそうです。社長は、せっかく二万ドルも払ったのだから、四行のリコメンデーションを実行してみようと、半信半疑ながらいわれたとおりに実行すると、非常に効率が上がることがわかったのです。

どうも、システムというのはシンプルでわかりやすく、使いやすいのがいいようです。社長は、この小さな紙キレのシステムを全社員にやらせて、大いに業績と効率を上げたそうです。

まとめ

- 「エレファント・テクニック」で目標を分断しよう
- 「セブン・ステップ法」で難しい目標を達成しよう
- ちょうどいいストレスを目指そう
- 「直前シンドローム」でいい結果を出そう
- 「ステップ・イン・テクニック」でモチベーションをキープ
- 潜在意識を活用する
- 「私はできる」と信じよう

Chapter 6 ●第6章

スケジュール確認だけでは意味がない！「できる人」の手帳術&メール術

この章では、「できる人」になるためには欠かせないツールである「手帳」と「メール」の使い方を紹介します。

プランニングの達人になる

ピーター・ドラッカーの言葉に、「マネージャーの仕事というのは、仕事をプランニングすること」というものがあります。ややもすると、私たちは、次々と来る仕事の波にのみこまれがちです。

そうではなくて、仕事以前のプランニングをしっかりして、私たちは目先の仕事にあたふたすることなく、じっくり取り組んでいったらいいのです。

そのために、手帳を活用しましょう。

「手帳は単なるスケジュール確認ではありません」

具体的な手帳の使い方に入る前に、まずは予定表作りのコツを紹介します。予定表は手帳でもＰＣでも作れます。手帳ベースなら、マーカーや色付きのボールペンなどにおきかえて考えてみてもいいですし、ＰＣなら「ｏｕｔｌｏｏｋ」を使ってもいいかもしれません。

基本は次の通りで、手帳であろうとＰＣであろうと共通しています。

①予定とイベントの使い分け
②定期的な予定、イベントの登録
③予定を実績に合わせる
④アベイラブル・タイムの登録
⑤予定を色分けする

一つずつ細かくみてみましょう。

①予定とイベントの使い分け

時間活用のセミナーでこの話をすると、とてもありがたく思う人が多いのが「予定」

と「イベント」という考え方です。

普通は、自分が直接に参加する会議なりプロジェクトなりの仕事を〝予定〟として、登録しているでしょう。

しかし、これだけではまだ不十分なのです。

特別に時間が決まっていなくても、自分にも影響のある行事、イベントはこれもしっかりつかんでおくのです。

そうしないと、自分の回りで起こっていることに〝突然〟巻きこまれてしまうように思うことがあるかもしれません。

たとえば、私は会社の研修室で研修していても、常に「隣の教室」の研修の有無をつかんでいます。

「自分の直接の研修でないから関係ない」などと思っていますと、人数によっては、声や拍手がまともに聞こえてしまったり、アシスタントを貸したり、借りたりなど、「直接の影響」もあり、こちらの時間にも大きな影響があります。

「急で悪いんだけど、三人ほど出してくれないかな」

「向こうのプロジェクトが長引いていて、ちょっと遅れそうだ」

というように、自分が直接出ていなくても、関わりのあるイベントに同僚やプロジェクトメンバー、上司などがいたなら、必ずといっていいくらいにあなたの時間にも影響が出ます。

これをみこして意識できるようにしておくのです。

✻②定期的な予定、イベントの登録

どんなに小さかったとしても、定期的に発生するものがあります。仮に、週に二回本当に立ったままで五分くらいのミニ朝礼があったとしましょう。

「わかりきったことだから」といって、あらためて登録しない人は多いでしょう。手帳なら「あえて書きこむまでもない」ということでしょうか。

しかし、どんなに小さなものでも「定期的」なものは、たとえ五分、一〇分でわかりきっていたとしてもしっかり登録しておきましょう。

「全ての予定、イベントを確実につかむ」のが基本です。

まさに孫子のいう

「彼（敵）を知り己を知れば百戦して殆（あや）うからず」

です。

＊③予定を実績に合わせる

プランニングで大切なのは、現実の実績と予定との差です。どんなビジネスでも、全てがプラン通りということはむしろ稀《まれ》なことでしょう。必ず、どこかに一致しない所が出てきます。

普通は、結果がよければオーライで、あまり反省しないものです。では、一日に何回「反省」しなくてはならないでしょうか？

「三省」というのは孔子の言葉であって、孔子ほどの偉人であっても、日に三回は自分を省みるというのです。

私たちも、三省ではないにしても、必ず予定と実績とのてらし合わせを行なって、特に「時間」が予定からズレたら、放っておいてはなりません。ズレ、たとえば会議が延びたというような時であっても、それに合わせて後で「記録として変更」をしておくことです。

「計画と実績の差」を目に見える形にしておくことで、大切な反省材料としておくのは欠かせません。

＊④アベイラブル・タイムの登録

本書でも再三触れているように、アベイラブル・タイムとは特別な予定の「入っていない時間」「活用可能な時間」ということです。

当然ですが、手帳にも「するべきこと」「すでに予定が決まっていること」はしっかり書きこみ、登録するはずです。

ところが、「何も入っていない時間」をあえて登録する人はいないのですが、ここがポイントになります。

すでにあらかじめ「アベイラブル・タイム」ということで、時間をとっておいたなら、万一の時のゆとりになります。また、その時間をじっくりと、自分のするべき仕事に取り組んでいくことも可能となるでしょう。

とくに、手帳にはアベイラブル・タイムが一目でわかるようにしておきましょう。

そうすることによって、「今日は三時から一時間、自分の仕事ができるぞ」「午前中の一一時からが勝負だな」と、集中して仕事をしていくことが可能になります。

これをしておかないと、手帳はただのスケジュール確認のみで、空いた時間に「さて、何をやろうかな」

ということになりかねません。

＊⑤予定を色分けする

特に業務の多い人は、予定を全て登録してみても、「分かりにくい」となるでしょう。

そこで、ごく簡単なことですが、「色分け」が大きな力を発揮してくれます。

重要度ごとに色分け、ランク分けしておくのは最低限の条件でしょう。

また、部門や確定度といったものに応じての色分けもよいでしょう。

全ての予定を一度に見るよりも、色分けした方が、ずっと状況をつかみやすく、時間の有効活用につながります。

私がまだ独立したての頃、時々予定の変更があり、なかなか手帳に書いたとしても、その通りにいきませんでした。

ですから、ペンではなく、鉛筆で書くように心がけており、セミナーでもそのような指導はしていました。

さらに研究していって「予定そのものに段階を設ける」ことがいいのがわかりました。全てを「確定したもの」として予定に組んでしまいますと、あとでアタフタとすることになってしまいます。

日時がすでに確定している予定というのは、登録してもまったく構いません。

それ以外のやや不確定だったり、流動的なものは、まずわかる範囲での登録になりますが、大切なことが一つあります。

それは、細かくメンテナンスしておくということです。

確定したり、変更したりに合わせて、常に手入れを欠かさないことです。

常に自分で、自分の予定をモニターしておくのがポイントです。

日時、場所、分類項目、件名や関係者も含めて、「確認できるようにしておくこと」が、予定変更の「段階分け」の考えです。

Aランク…確定
Bランク…ほぼ確定

Cランク…まだ変更可能性高し

というくらいに分けて、B、Cランクは常にモニターして、最新のものにチェックしておきましょう。

人生目標を書こう！

手帳を用いていく上でもっとも大切なのは、あなたの人生目標との連動性です。

というのは、多くの人の手帳はただのスケジュール帳、メモ帳くらいの役割でしかありません。

あなたの手帳はどうですか？

おそらく会議の時間や、取引先への訪問、面談といったことをスケジュールとして書いてあるだけではありませんか？

大切なのは、スケジュールを見るのと同時に「TOEIC八〇〇点！」とか「会社設立！」とか「三年以内に結婚！」といったあなた自身の人生目標を書いておくことなのです。

もちろん、これは「文字」に限りません。あなたの目標を視覚化した小さな写真やイラストを貼り付けておくのもいいアイデアです。

私はこれをサーフィンに活用しました。ほかでも述べたように、私は自宅が海の前という地の利もあり、サーフィンを四○歳を過ぎてからの趣味、ライフワークの一つとして楽しんでいます。

私は坐禅もしますが、海、大自然の一体感を知ればサーフィンは「動禅」だとつくづく思います。

＊サーフィン大会で入賞

さて、サーフィンをしていてシニアの大会があることを知人から教えられました。「よしっ！」と思った私は、これを短期目標にしたのです。といっても、休日サーファーの私ですから、「優勝」とはせずに「入賞」を目標にしました。

そして、トレーニングのほかに、手帳に「写真」作戦を用いました。私がサーフボードとともにニッコリと笑っている写真を手帳にはさみこみ、スケジュールの確認の合間やちょこっとした空き時間に「私はサーフィンの大会で入賞している」というイメージで眺め読みました。

やがてこれは、私の潜在意識にも刷り込まれたようです。そして、結果として半年後の大会に入賞できたのです。

みなさんもぜひ、自分の目標を手帳にはさんだり、貼ったりして、「目標実現のツール」として手帳を活用しましょう。

いつでも全体展望できる！

月単位や二週単位や週単位というふうに規制されている手帳やシートを用いている人が多いと思います。

しかし、これは「全体展望」ということでは不十分なのです。

三一日の次の日は、まったく新しいページになる手帳は多くあります。月単位、週単位で見開きになっている手帳が多いからです。

ところが現実はどうでしょうか？

次の月までまたいで連続しているプロジェクトや仕事はかなり多いはずです。しかし、見開きでページが変わってしまいますと、それらがカバーできません。

そこで、年間の一枚のシートや、手作りの三カ月単位の「全体を見渡せる」シートを必ず用意しなくてはなりません。

そうすれば、月をまたいでいるような重要な仕事も、「今、何をしたらいいのか」がよくわかるのです。これなら、次の月にまたがったプロジェクトも全体の流れの中での「今日すべきこと」もしっかりとつかめます。

月単位などの手帳ですと、次の月のページにいったとたんに「新しい月」の印象が強くなり、続いている仕事もあたかも「別の」「新しい」仕事に見えてしまうというミスも防げるのです。

メールはこの対応でスピードアップ

私が時間管理のセミナーをしていて、必ず出てくる質問があります。それは、「メールはどのように管理したらいいでしょうか？」ということです。

一日に一〇〇通以上のメールを受けるビジネスマンの方は、特に困っているようです。

あまりにもメール量が多くて、仕分けしなくてはならない項目も多くありますと、現実に悲鳴をあげたくなるのもよくわかります。

もちろん私自身も、現実に悩んでいたことです。

＊メールの整理術

ポイントは、フォルダ名や分類を整理しておくことです。これさえ欠かさなかったら、ｏｕｔｌｏｏｋのようなＰＣの機能を活用していくことで、大幅な時間の節約になるのです。

もしもフォルダ名がキチンとしておらず、分類も雑にしていますと、検索に手間がかかってしまったりします。また、項目がバラバラになっていますと、どこのフォルダに移動していいか迷うという、大きな矛盾を犯すことになります。つまり時間を短縮するために始めたのに、かえって時間をとってしまうわけです。

「メールを読み終えたら、区分けしてフォルダに振り分ける」

これが第一ステップになります。

ところが、すでに圧倒的に多いメールの量ですと、手作業では間に合わないといった弊害も生じるでしょう。

そこで、

「ｏｕｔｌｏｏｋなどの自動仕訳機能の活用をするのです」

この場合の注意ポイントは、条件設定を徹底しておくことになります。このことをおろそかにしてしまうと、重要なメールの見落としというミスをしてしまうことになります。

いくら多量のメールを処理したいからといって、九九パーセントのあまり価値ないメールは捨てても、価値のある大切な一パーセントのメールを失なうことは許されないことでしょう。

自動仕訳は、条件に合ったなら、全て自動的に振り分けてくれますから、「手作業では間に合わない」という人には不可欠なものとなります。

条件は、一般には差出人、件名、宛先、本文といったところですが、条件設定を考えますと、色々なケースは考えられます。

確かに条件設定が面倒のような気もしますが、これは変更はするものの毎日行なうことではありません。

一回しっかりと設定したなら、あとは様子を見ながらリラックスしてやっていくことです。

自動仕訳のデメリットは、前述したように条件設定にミスがあると、とんでもないフォルダに振り分けられる可能性があること。ですから、始めの設定段階は慎重にして下さい。

もう一つ、新着メールが複数のフォルダに入ることになり、各フォルダを見るのが手間になってしまうと思う人にはあまり向かないことでしょう。

まずは、トライアルで用いてみて自分流を探し出しましょう。

メールにも八〇対二〇の法則で

八〇対二〇の法則は、実はメール対応についてもいえます。

メールの中でも本当に重要で再確認すべきものは、全体の二〇パーセントもあればいい方です。全てを均等に対応しようとしていると、大きなプレッシャーとなりかねないでしょう。

ですから、一〇〇通のメールとしても二〇通、五〇〇通でも中の一〇〇通こそ、本当に対処すべきものです。まあ、一〇〇通を越えると、やっかいなことは確かです。

しかし、毎日五〇〇を越える人は読者の中でもかなり上の部類で、多くても二〇〇、つまり二〇パーセントで四〇通ならなんとか対処できる範囲でしょう。

大切なことは、その二〇パーセントにしぼりこむだけのしくみをしっかりつくっておくことです。

＊メールを短時間で処理するテクニック

大切なメールを見分けるためには、二つのポイントがあります。

まずは速読のような「流し読み」です。そしてその上で、重要であったり、特定の人からのものを、識別しやすくしておくことです。

私は、アメリカで学生時代に、速読のトレーニングを受けました。当時は、大統領の速読法だとが韓国のキム式だとか、様々な手法がいわれていました。古くは、J・

F・ケネディが速読法の達人だったことも有名です。

また、アメリカの大統領のような大量の書類に目を通すためには、そのための「手法」をマスターすることは不可欠なのです。

あまりにも大量のメールはこれに似ています。

ですから、まずは新着メールにさっと、「流し読み」で目を通します。ここは、一字一句をしっかり読んでいくのではなくて、新聞記事の見出しを読んでいく要領で、サッと目を通すやり方です。

そして、次に、

・重要なものと思われる
・返信が必要と思われる
・じっくり読み直さなくてはいけない

というものを、さっとフラグをつけていきましょう。

連続してフラグをつけていく、これだけでもあなたのメールの重要度の高いものがはっきりしてわかりやすくなります。

一通一通をしっかり読みこんでいくのは、特別なビジネスか、あくまでも一日に一○通くらいのメールが少ない人に限られます。

あとは、「大切なものをハッキリさせること」を心がけるだけでいいのです。

もしも、今まで新着メールを来るものから順に細かくチェックしていた人は、ここで大きくやり方を変えていきましょう。

整理・整とんを忘れるな！

整理というのは、〝形〟をととのえることです。これは、フォルダにまとめたり、項目別、フォルダ名に配慮したりして、万一他の人が見たとしても「パッと見でわかる」ようなきれいさをいいます。

机の上が見た目もきれいで、〝本の高さ〟が統一されていくようなのは、「整理」です。

これに対して、「整とん」というのは、秩序だてること、〝使いやすさ〟が根本にあり、これは場合によっては本人でしかできないものです。

たとえば、私はカントリーミュージックが趣味です。山中湖の別荘には、古い時代の「LP」も大量に保存されています。

ところが、これは「整理」されてもいるのですが、「整とん」されています。これは、仮に他の人が見たとしても、どこに何があるかはわかりません。しかし、私はその中から目的のLPを即座に取り出せます。何千枚のコレクションであっても、すぐにわかるのです。

頭の中でしっかり秩序立てられているわけです。

仮に整理されていなくて、机の上はグシャグシャでも、どこに何があるかがわかるのは「整とん」されていることになります。

もちろん、両方ができていたら、理想的です。

大量のメールの保存方法

メールが大量になってくると、毎日の対応はすでに述べたものでいいとしても、保存メールが増えてくるはずです。

これらの保存メールは、どのようにして整理・整とんしておけばいいでしょうか？
具体的なやり方として

①フォルダ内のサブフォルダ化
②フォルダごと削除
③目に見える管理

まず、フォルダ内にサブフォルダ化していくことを考えます。もちろん、すでに行なっている人もいるでしょう。

やりやすいのは一〇〇でも五〇〇でも、これは自分で決めていいのですが、「数で区切る」ことです。

つまり、ある一定数を越えたら、そのフォルダの中にサブフォルダを作ってまとめていくのです。

他には、三カ月とか一カ月でもいいですが、「期間で区切る」こともいいでしょう。

いずれにしても、基準を作っておいてサブフォルダ化していくのが一つのやり方です。

次に、チェック、確認だけのメールは、たまった段階でもちろん削除していくわけです。チェックのみのメールなら、数というよりも「期間」が経ったら捨てていくのがいいでしょう。

この〝捨てる〟というの、時間活用の達人には欠かせないことです。思い切って「捨てる勇気」が必要です。

それから、これは「目標」でも同じなのですが、「目に見えるようにする」ということはとても重要です。

英語で「Out of sight,Out of mind」といいます。これは、「去る者は日々にうとし」というように訳されます。

もっと直訳的に、「目に見えないものは忘れていく」ととらえてみてはどうでしょう。

あなたの人生目標は、常に目に見える形にしておかなくては忘れてしまいますし、メールであっても、日常使用するものは「見える所において管理する」というのが基本になると思っていて下さい。

この目に見える管理は、常にやっておくことです。一見、あまり行なうとわけがわからなくなりそうですが、むしろ逆です。

「目に見える形にする」ことを、常に心がけていくことです。

まとめ

- まずはプランニングの達人になる
- 手帳はスケジュール管理だけではない
- メールの使い方で「できる人」になる
- メールも「八〇対二〇の法則」で
- メールを早く処理するコツ

〈プロフィール〉

箱田忠昭（はこだ・ただあき）

インサイトラーニング代表。

年間３００回以上のセミナーをこなすカリスマインストラクター。

超一流企業をはじめ多くのクライアントからひっぱりだこ。


慶応大学商学部、ミネソタ大学大学院修了。

エスティーローダーのマーケティング部長、パルファン・イブ・サンローラン日本支社長を歴任。その間、デール・カーネギー・コースの公認インストラクターを務める。

83年にインサイトラーニング（株）を設立、現在代表取締役。プレゼンテーション、交渉力、セールス、時間管理などのコミュニケーションスキルの専門家としてビジネスマンの教育研修に専念、全国各地で講演、研修をこなす。


サーフィン、坐禅、ボディビルなどの趣味をもち、スポーツカーなど車４台を乗り回す。

主な著書にベストセラー『「できる人」の話し方＆コミュニケーション術』『「ＮＯ」が「ＹＥＳ」に変わる最強セールスの法則』（ともにフォレスト出版）、『営業マンが価格交渉に負けない本』（中経出版）、『ビジネスマンの説得できる話し方』（大泉書店）他多数。

＜インサイトラーニング・ホームページ＞
http://www.insightlearning.co.jp/

「できる人」の時間の使い方

2005年11月15日　　初版発行
2006年９月15日　　８刷発行

著　者　箱田忠昭
発行者　太田宏
発行所　フォレスト出版株式会社
〒162-0824 東京都新宿区揚場町2－18　白宝ビル5F
電話　03-5229-5750
振替　00110-1-583004
URL　http://www.forestpub.co.jp

印刷・製本　（株）シナノ

ISBN4-89451-211-4　Printed in Japan